W0222217

edition suhrkamp

Redaktion: Günther Busch

Bertolt Brecht, geboren am 10. Februar 1898 in Augsburg, starb am 14. August 1956 in Berlin.
Das Interesse an der Lyrik Brechts hat in den letzten Jahren kontinuierlich zugenommen; nicht nur ist die Zahl der wissenschaftlichen Untersuchungen gestiegen, die Brechts poetische Texte zum Gegenstand haben; auch an den Schulen und Universitäten wächst die Beachtung der Gedichte Brechts. Dies ist freilich nur die eine Seite der Medaille; die andere ist die vielfältige Wirkung der Brechtschen Lyrik, ihre Aneignung und Verwandlung in der neueren Geschichte der lyrischen Form, der poetischen Kunstmittel selber. Beobachtungen dieser Art haben den Verlag bewogen, die Gesammelten Gedichte in vier Bänden innerhalb der *edition suhrkamp* einem breiten Publikum zugänglich zu machen. Band 1 versammelt die Gedichte 1913 bis 1926, die *Hauspostille* und die Gedichte aus den Jahren 1926 bis 1933; Band 2 die Lieder, Gedichte, Chöre, die Gedichte 1933 bis 1938, die *Svendborger Gedichte* und die zwischen 1938 und 1941 entstandenen Gedichte; Band 3 enthält die Gedichte 1941 bis 1956, die Übersetzungen, Bearbeitungen und Nachdichtungen; Band 4 schließlich bringt die Gedichte aus den Stücken sowie den philologischen Apparat (Anmerkungen und Register).

Bertolt Brecht
Gesammelte Gedichte
Band 3

Suhrkamp Verlag

Herausgegeben vom Suhrkamp Verlag
in Zusammenarbeit mit Elisabeth Hauptmann

edition suhrkamp 837
2. Auflage, 31.–40. Tausend 1978
© Copyright Suhrkamp Verlag, Frankfurt am Main 1967.
Alle Rechte vorbehalten.
Copyrightangaben zu den Gedichten am Schluß des Bandes 4

Gedichte 3

Gedichte 1941-1947
Gedichte 1947-1956
Übersetzungen Bearbeitungen Nachdichtungen

Redaktion: Elisabeth Hauptmann
in Zusammenarbeit mit Rosemarie Hill

Gedichte 1941 – 1947

FÜRCHTEND, ACH, FÜR UNSER LEBEN

Fürchtend, ach, für unser Leben
Fliehend den gehaßten Hasser
Haben wir uns nun begeben
Auf die vielgeschmähten Wasser.

Mögen nunmehr die Taifune
Seine Kreuzer uns vertreiben
Daß wir ferner als immune
Gifte ihm im Fleische bleiben.

Mögen uns vor seinen Spähern
Nun die bösen Nebel bergen
Daß sie, wenn sie sich uns nähern
Seine Gäste nicht bemerken.

Daß wir so von Taifuns Gnaden
Unter dem Protektorate
Der verhaßten Nebelschwaden
Nah'n dem gastlichen Gestade.

DER TAIFUN

Auf der Flucht vor dem Anstreicher nach den Staaten
Merkten wir plötzlich, daß unser kleines Schiff stillag.
Eine ganze Nacht und einen ganzen Tag
Lag es auf der Höhe von Luzon im Chinesischen Meer.

Einige sagten, eines Taifuns wegen, der im Norden tobte
Andere befürchteten deutsche Piratenschiffe.
Alle
Zogen den Taifun den Deutschen vor.

NACH DEM TOD MEINER MITARBEITERIN M. S.

I

Im neunten Jahre der Flucht vor Hitler
Erschöpft von den Reisen
Der Kälte und dem Hunger des winterlichen Finnland
Und dem Warten auf den Paß in einen andern Kontinent
Starb unsere Genossin Steffin
In der roten Stadt Moskau.

II

Mein General ist gefallen
Mein Soldat ist gefallen

Mein Schüler ist weggegangen
Mein Lehrer ist weggegangen

Mein Pfleger ist weg
Mein Pflegling ist weg.

III

Als es so weit war und der nicht unerbittliche Tod
Achselzuckend mir die fünf zerstörten Lappen der Lunge
zeigte

Außerstande, ihr zuzumuten ein Leben nur mit dem sechsten
Schleppte ich zusammen noch schnell 500 Aufträge
Dinge, zu erledigen sofort und morgen, im nächsten Jahr
Und in sieben Jahren von jetzt an
Stellte unzählige Fragen, entscheidende, nur durch sie
Beantwortbare
Und so beansprucht
Starb sie leichter.

IV

Eingedenk meiner kleinen Lehrmeisterin
Ihrer Augen, des blauen zornigen Feuers
Und ihrer gebrauchten Kutte mit der breiten Kapuze
Und dem breiten unteren Saum, taufte ich
Den Orion am Himmel das Steffinische Sternbild.
Aufblickend und es kopfschüttelnd betrachtend
Höre ich mitunter ein schwaches Husten.

V

Die Trümmer

Da ist noch die Holzschachtel für die Zettel beim Stückebau
Da sind die bayrischen Messer, da ist das Stehpult noch
Da ist die Wandtafel, da sind die Masken
Da ist der kleine Sender und der Soldatenkoffer
Da ist die Antwort, aber kein Frager ist da
Hoch über dem Garten
Steht das Steffinische Gestirn.

VI

Nach dem Tod meiner Mitarbeiterin M. S.

Seit du gestorben bist, kleine Lehrerin
Gehe ich blicklos herum, ruhelos

In einer grauen Welt staunend
Ohne Beschäftigung wie ein Entlassener.

Verboten
Ist mir der Zutritt zur Werkstatt, wie
Allen Fremden.

Die Straßen sehe ich und die Anlagen
Nunmehr zu ungewohnten Tageszeiten, so
Kenne ich sie kaum wieder.

Heim
Kann ich nicht gehen: ich schäme mich
Daß ich entlassen bin und
Im Unglück.

AN WALTER BENJAMIN, DER SICH AUF DER FLUCHT VOR HITLER ENTLEIBTE

Ermattungstaktik war's, was dir behagte
Am Schachtisch sitzend in des Birnbaums Schatten.
Der Feind, der dich von deinen Büchern jagte
Läßt sich von unsereinem nicht ermatten.

ZUM FREITOD DES FLÜCHTLINGS W. B.

Ich höre, daß du die Hand gegen dich erhoben hast
Dem Schlächter zuvorkommend.
Acht Jahre verbannt, den Aufstieg des Feindes beobachtend
Zuletzt an eine unüberschreitbare Grenze getrieben
Hast du, heißt es, eine überschreitbare überschritten.

Reiche stürzen. Die Bandenführer
Schreiten daher wie Staatsmänner. Die Völker
Sieht man nicht mehr unter den Rüstungen.

So liegt die Zukunft in Finsternis, und die guten Kräfte
Sind schwach. All das sahst du
Als du den quälbaren Leib zerstörtest.

DIE VERLUSTLISTE

Flüchtend vom sinkenden Schiff, besteigend ein sinkendes –
Noch ist in Sicht kein neues –, notiere ich
Auf einen kleinen Zettel die Namen derer
Die nicht mehr um mich sind.
Kleine Lehrerin aus der Arbeiterschaft
Margarete Steffin. Mitten im Lehrkurs
Erschöpft von der Flucht
Hinsiechte und starb die Weise.
So auch verließ mich der Widersprecher
Vieles wissende, Neues suchende
Walter Benjamin. An der unübertretbaren Grenze
Müde der Verfolgung, legte er sich nieder.
Nicht mehr aus dem Schlaf erwachte er.
Und der stetige, des Lebens freudige
Karl Koch, Meister im Disput
Merzte sich aus in dem stinkenden Rom, betrügend
Die eindringende SS.
Und nichts höre ich mehr von
Caspar Neher, dem Maler. Könnte ich doch wenigstens ihn
Streichen von dieser Liste!

Diese holte der Tod. Andere
Gingen weg von mir für des Lebens Notdurft
Oder Luxus.

NACHDENKEND ÜBER DIE HÖLLE

Nachdenkend, wie ich höre, über die Hölle
Fand mein Bruder Shelley, sie sei ein Ort
Gleichend ungefähr der Stadt London. Ich
Der ich nicht in London lebe, sondern in Los Angeles
Finde, nachdenkend über die Hölle, sie muß
Noch mehr Los Angeles gleichen.

Auch in der Hölle
Gibt es, ich zweifle nicht, diese üppigen Gärten
Mit den Blumen, so groß wie Bäume, freilich verwelkend
Ohne Aufschub, wenn nicht gewässert mit sehr teurem
Wasser. Und Obstmärkte
Mit ganzen Haufen von Früchten, die allerdings
Weder riechen noch schmecken. Und endlose Züge von
Autos
Leichter als ihr eigener Schatten, schneller als
Törichte Gedanken, schimmernde Fahrzeuge, in denen
Rosige Leute, von nirgendher kommend, nirgendhin
fahren.
Und Häuser, für Glückliche gebaut, daher leerstehend
Auch wenn bewohnt.

Auch die Häuser in der Hölle sind nicht alle häßlich.
Aber die Sorge, auf die Straße geworfen zu werden
Verzehrt die Bewohner der Villen nicht weniger als
Die Bewohner der Baracken.

DIE LANDSCHAFT DES EXILS

Aber auch ich auf dem letzten Boot
Sah noch den Frohsinn des Frührots im Takelzeug

Und der Delphine graulichte Leiber, tauchend
Aus der Japanischen See.
Und die Pferdewäglein mit dem Goldbeschlag
Und die rosa Armschleier der Matronen
In den Gassen des gezeichneten Manila
Sah auch der Flüchtling mit Freude.
Die Öltürme und dürstenden Gärten von Los Angeles
Und die abendlichen Schluchten Kaliforniens und die
Obstmärkte
Ließen auch den Boten des Unglücks
Nicht kalt.

SONETT IN DER EMIGRATION

Verjagt aus meinem Land muß ich nun sehn
Wie ich zu einem neuen Laden komme, einer Schenke
Wo ich verkaufen kann das, was ich denke.
Die alten Wege muß ich wieder gehn

Die glatt geschliffenen durch den Tritt der Hoffnungslosen!
Schon gehend, weiß ich jetzt noch nicht: zu wem?
Wohin ich komme, hör ich: Spell your name!
Ach, dieser »name« gehörte zu den großen!

Ich muß noch froh sein, wenn sie ihn nicht kennen
Wie einer, hinter dem ein Steckbrief läuft
Sie würden kaum auf meine Dienste brennen.

Ich hatt zu tun mit solchen schon wie ihnen
Wohl möglich, daß sich der Verdacht da häuft
Ich möcht auch sie nicht allzu gut bedienen.

ANGESICHTS DER ZUSTÄNDE IN DIESER STADT

Angesichts der Zustände in dieser Stadt
Handle ich so:
Wenn ich eintrete, sage ich meinen Namen und zeige
Die Papiere, die ihn belegen mit Stempeln, die
Nicht gefälscht sein können.
Wenn ich etwas sage, führe ich Zeugen an, für deren
Glaubwürdigkeit
Ich Belege habe.
Wenn ich schweige, gebe ich meinem Gesicht
Einen Ausdruck der Leere, damit man sieht:
Ich denke nicht nach.
So
Erlaube ich niemandem, mir zu glauben. Jedes Vertrauen
Lehne ich ab.

Dies tue ich, weil ich weiß: der Zustand dieser Stadt
Macht zu glauben unmöglich.

Dennoch geschieht es mitunter –
Ich bin zerstreut oder beschäftigt –
Daß ich überrumpelt werde und gefragt
Ob ich kein Schwindler bin, nicht gelogen habe, nichts
Bestimmtes im Schilde führe.
Und ich
Werde immer noch verwirrt, rede unsicher und verschweige
Alles, was für mich spricht, sondern
Schäme mich.

KINDERKREUZZUG

In Polen, im Jahr Neununddreißig
War eine blutige Schlacht
Die hatte viele Städte und Dörfer
Zu einer Wildnis gemacht.

Die Schwester verlor den Bruder
Die Frau den Mann im Heer;
Zwischen Feuer und Trümmerstätte
Fand das Kind die Eltern nicht mehr.

Aus Polen ist nichts mehr gekommen
Nicht Brief noch Zeitungsbericht.
Doch in den östlichen Ländern
Läuft eine seltsame Geschicht.

Schnee fiel, als man sich's erzählte
In einer östlichen Stadt
Von einem Kinderkreuzzug
Der in Polen begonnen hat.

Da trippelten Kinder hungernd
In Trüpplein hinab die Chausseen
Und nahmen mit sich andere, die
In zerschossenen Dörfern stehn.

Sie wollten entrinnen den Schlachten
Dem ganzen Nachtmahr
Und eines Tages kommen
In ein Land, wo Frieden war.

Da war ein kleiner Führer
Das hat sie aufgericht'.
Er hatte eine große Sorge:
Den Weg, den wußte er nicht.

Eine Elfjährige schleppte
Ein Kind von vier Jahr
Hatte alles für eine Mutter
Nur nicht ein Land, wo Frieden war.

Ein kleiner Jude marschierte im Trupp
Mit einem samtenen Kragen
Der war das weißeste Brot gewohnt
Und hat sich gut geschlagen.

Und ging ein dünner Grauer mit
Hielt sich abseits in der Landschaft.
Er trug an einer schrecklichen Schuld:
Er kam aus einer Nazigesandtschaft.

Und da war ein Hund
Gefangen zum Schlachten
Mitgenommen als Esser
Weil sie's nicht übers Herz brachten.

Da war eine Schule
Und ein kleiner Lehrer für Kalligraphie.
Und ein Schüler an einer zerschossenen Tankwand
Lernte schreiben bis zu Frie ...

Da war auch eine Liebe.
Sie war zwölf, er war fünfzehn Jahr.
In einem zerschossenen Hofe
Kämmte sie ihm sein Haar.

Die Liebe konnte nicht bestehen
Es kam zu große Kält:
Wie sollen die Bäumchen blühen
Wenn so viel Schnee drauf fällt?

Da war auch ein Begräbnis
Eines Jungen mit samtenem Kragen
Der wurde von zwei Deutschen
Und zwei Polen zu Grab getragen.

Protestant, Katholik und Nazi war da
Ihn der Erde einzuhändigen.
Und zum Schluß sprach ein kleiner Kommunist
Von der Zukunft der Lebendigen.

So gab es Glaube und Hoffnung
Nur nicht Fleisch und Brot.
Und keiner schelt sie mir, wenn sie was stahln
Der ihnen nicht Obdach bot.

Und keiner schelt mir den armen Mann
Der sie nicht zu Tische lud:
Für ein halbes Hundert, da braucht es
Mehl, nicht Opfermut.

Sie zogen vornehmlich nach Süden.
Süden ist, wo die Sonn
Mittags um zwölf steht
Gradaus davon.

Sie fanden zwar einen Soldaten
Verwundet im Tannengries.
Sie pflegten ihn sieben Tage
Damit er den Weg ihnen wies.

Er sagte ihnen: Nach Bilgoray!
Muß stark gefiebert haben
Und starb ihnen weg am achten Tag.
Sie haben auch ihn begraben.

Und da gab es ja Wegweiser
Wenn auch vom Schnee verweht
Nur zeigten sie nicht mehr die Richtung an
Sondern waren umgedreht.

Das war nicht etwa ein schlechter Spaß
Sondern aus militärischen Gründen.
Und als sie suchten nach Bilgoray
Konnten sie es nicht finden.

Sie standen um ihren Führer.
Der sah in die Schneeluft hinein
Und deutete mit der kleinen Hand
Und sagte: Es muß dort sein.

Einmal, nachts, sahen sie ein Feuer
Da gingen sie nicht hin.
Einmal rollten drei Tanks vorbei
Da waren Menschen drin.

Einmal kamen sie an eine Stadt
Da machten sie einen Bogen.
Bis sie daran vorüber waren
Sind sie nur nachts weitergezogen.

Wo einst das südöstliche Polen war
Bei starkem Schneewehn
Hat man die fünfundfünfzig
Zuletzt gesehn.

Wenn ich die Augen schließe
Seh ich sie wandern
Von einem zerschossenen Bauerngehöft
Zu einem zerschossenen andern.

Über ihnen, in den Wolken oben
Seh ich andre Züge, neue, große!
Mühsam wandernd gegen kalte Winde
Heimatlose, Richtungslose

Suchend nach dem Land mit Frieden
Ohne Donner, ohne Feuer
Nicht wie das, aus dem sie kamen
Und der Zug wird ungeheuer.

Und er scheint mir durch den Dämmer
Bald schon gar nicht mehr derselbe:
Andere Gesichtlein seh ich
Spanische, französische, gelbe!

In Polen, in jenem Januar
Wurde ein Hund gefangen
Der hatte um seinen mageren Hals
Eine Tafel aus Pappe hangen.

Darauf stand: Bitte um Hilfe!
Wir wissen den Weg nicht mehr.
Wir sind fünfundfünfzig
Der Hund führt euch her.

Wenn ihr nicht kommen könnt
Jagt ihn weg.
Schießt nicht auf ihn
Nur er weiß den Fleck.

Die Schrift war eine Kinderhand.
Bauern haben sie gelesen.
Seitdem sind eineinhalb Jahre um.
Der Hund ist verhungert gewesen.

AN DIE DEUTSCHEN SOLDATEN IM OSTEN

1

Brüder, wenn ich bei euch wäre
Auf den östlichen Schneefeldern einer von euch wäre
Einer von euch Tausenden zwischen den Eisenkärren
Würde ich sagen, wie ihr sagt: Sicher
Muß da ein Weg nach Haus sein.

Aber, Brüder, liebe Brüder
Unter dem Stahlhelm, unter der Hirnschale
Würde ich wissen, was ihr wißt: Da
Ist kein Weg nach Haus mehr.

Auf der Landkarte im Schulatlas
Ist der Weg nach Smolensk nicht größer
Als der kleine Finger des Führers, aber
Auf den Schneefeldern ist er weiter
Sehr weit, zu weit.

Der Schnee hält nicht ewig, nur bis zum Frühjahr.
Aber auch der Mensch hält nicht ewig. Bis zum Frühjahr
Hält er nicht.

Also muß ich sterben, das weiß ich.
Im Rock des Räubers muß ich sterben
Sterbend im Hemd des Mordbrenners.

Als einer der vielen, als einer der Tausende
Gejagt als Räuber, erschlagen als Mordbrenner.

2

Brüder, wenn ich bei euch wäre
Mit euch trottete über die Eiswüsten
Würde ich fragen, wie ihr fragt: Warum
Bin ich hierhergekommen, von wo
Kein Weg mehr nach Haus führt?

Warum habe ich den Rock des Räubers angezogen?
Warum habe ich das Hemd des Mordbrenners angezogen?
Das war doch nicht aus Hunger
Das war doch aus Mordlust nicht.

Nur weil ich ein Knecht war
Und es mir geheißen wurd
Bin ich ausgezogen zu morden und zu brennen
Und muß jetzt gejagt werden
Und muß jetzt erschlagen werden.

3

Weil ich eingebrochen bin
In das friedliche Land der Bauern und Arbeiter
Der großen Ordnung, des unaufhörlichen Aufbaus
Niedertrampelnd und niederfahrend Saat und Gehöfte
Auszurauben die Werkstätten, die Mühlen und Dammbauten
Abzubrechen den Unterricht der tausend Schulen
Aufzustören die Sitzungen der unermüdlichen Räte:

Darum muß ich jetzt sterben wie eine Ratte
Die der Bauer ertappt hat.

4

Daß von mir gereinigt werde
Das Gesicht der Erde
Von mir Aussatz! Daß ein Exempel statuiert werde
An mir für alle Zeiten, wie verfahren werden soll
Mit Räubern und Mordbrennern
Und den Knechten von Räubern und Mordbrennern.

5

Daß da Mütter sagen, sie haben keine Kinder.
Daß da Kinder sagen, sie haben keine Väter.
Daß da Erdhügel sind, die keine Auskünfte geben.

6

Und ich werde nicht mehr sehen
Das Land, aus dem ich gekommen bin
Nicht die bayrischen Wälder, noch das Gebirge im Süden
Nicht das Meer, nicht die märkische Heide, die Föhre nicht
Noch den Weinhügel am Fluß im Frankenland.
Nicht in der grauen Frühe, nicht am Mittag
Und nicht, wenn der Abend herabsteigt.

Noch die Städte und die Stadt, wo ich geboren bin.
Nicht die Werkbänke, und auch die Stube nicht mehr
Und den Stuhl nicht.

All das werde ich nie mehr sehen.
Und keiner, der mit mir ging
Wird das alles noch einmal sehen.
Und ich nicht und du nicht
Werden die Stimme der Frauen und Mütter hören

Oder den Wind über dem Schornstein der Heimat
Oder den fröhlichen Lärm der Stadt oder den bitteren.

7

Sondern ich werde sterben in der Mitte der Jahre
Ungeliebt, unvermißt
Eines Kriegsgeräts törichter Fahrer.

Unbelehrt, außer durch die letzte Stunde
Unerprobt, außer beim Morden
Nicht vermißt, außer von den Schlächtern.

Und ich werde unter der Erde liegen
Die ich zerstört habe
Ein Schädling, um den es nicht schad ist.
Ein Aufatmen wird an meiner Grube sein.

Denn was wird da eingescharrt?
Ein Zentner Fleisch in einem Tank, das bald faul wurde.
Was kommt da weg?
Ein dürrer Strauch, der erfroren ist
Ein Dreck, der weggeschaufelt wurde
Ein Gestank, den der Wind wegwehte.

8

Brüder, wenn ich jetzt bei euch wäre
Auf dem Weg zurück nach Smolensk
Von Smolensk zurück nach nirgendwohin

Würde ich fühlen, was ihr fühlt: immer schon
Habe ich es gewußt unter dem Stahlhelm, unter der
Hirnschale
Daß schlecht nicht gut ist

Daß zwei mal zwei vier ist
Und daß sterben wird, wer mit ihm ging
Dem blutigen Brüllenden
Dem blutigen Dummkopf.

Der nicht wußte, daß der Weg nach Moskau lang ist
Sehr lang, zu lang.
Daß der Winter in den östlichen Ländern kalt ist
Sehr kalt, zu kalt.
Daß die Bauern und Arbeiter des neuen Staates
Ihre Erde und ihre Städte verteidigen würden
So daß wir alle vertilgt werden.

9

Vor den Wäldern, hinter den Kanonen
In den Straßen und in den Häusern
Unter den Tanks, am Straßenrand
Durch die Männer, durch die Weiber, durch die Kinder
In der Kälte, in der Nacht, im Hunger

Daß wir alle vertilgt werden
Heute oder morgen oder am nächsten Tag
Ich und du und der General, alles
Was hier gekommen ist, zu verwüsten
Was von Menschenhand errichtet wurde.

10

Weil es eine solche Mühe ist, die Erde zu bebauen
Weil es soviel Schweiß gekostet, ein Haus aufzustellen
Die Balken zu fällen, den Plan zu zeichnen
Die Mauer aufzuschichten, das Dach zu decken.
Weil es so müde machte, weil die Hoffnung so groß war.

11

Tausend Jahre war da nur ein Gelächter
Wenn die Werke von Menschenhand angetastet wurden.
Aber jetzt wird es sich herumsprechen auf allen
Kontinenten:
Der Fuß, der die Felder der neuen Traktorenfahrer zertrat
Ist verdorrt.
Die Hand, die sich gegen die Werke der neuen Städtebauer
erhob
Ist abgehauen.

DEUTSCHLAND

In Sturmesnacht, in dunkler Nacht
Ist ein Reis erblühet
In Ängsten bin ich aufgewacht
Und fand das Reis erblühet.

Der Hitlerspuk, der blutige Spuk
Wird auch einst sein verwehet:
»Die Hitlers kommen und gehen
Das deutsche Volk bestehet.«

Der Hitler wird verjaget sein
Wenn wir uns nur bemühen.
Und unser liebes Deutschland
Wird wieder blühen.

ANTWORT DES DIALEKTIKERS, ALS IHM VORGEWORFEN WURDE, SEINE VORAUSSAGE DER NIEDERLAGE DER HITLERHEERE IM OSTEN SEI NICHT EINGETROFFEN

In den Jahrzehnten vor der Sintflut
Kamen kleinere Fluten. In unregelmäßigen Abständen
In unterschiedlichem Ausmaß
Kamen Wasser über die Küsten. In gewissen Gegenden
Gewöhnten die Menschen sich so an die Überschwemmungen
Daß sie in großen Barken wohnten, auch auf dem Trockenen.
Die Wasserbaukunst entwickelte sich. Niemals vorher
Konnten so gewaltige Dämme gebaut werden wie in der Zeit
Vor der Sintflut. In einem bestimmten Jahr
Galt die Gefahr vor den Fluten als endgültig überwunden.
Im nächsten
Kam die Sintflut. Sie ersäufte
Alle Dämme und alle Dammbauer.

ÜBERALL FREUNDE

Die finnischen Arbeiter
Gaben ihm Betten und einen Schreibtisch
Die Schriftsteller der Sowjetunion brachten ihn aufs Schiff
Und ein jüdischer Wäscher in Los Angeles
Schickte ihm einen Anzug: der Feind der Schlächter
Fand Freunde.

DER REGEN FLIESST VON OBEN NACH UNTEN

Der Regen fließt von oben nach unten
Und zwei mal zwei ist vier
Und wer siegt, das sind die andern
Und wer geschlagen wird, das sind wir.

Sie sagten: Es fliegt kein Flieger
Bis Essen und Berlin
Und jetzt stürzen unsre Städte
Mit Stuhl und Tisch und Bette
Und wir wissen nicht, wohin.

Sie sagten: In drei Wochen
Ist die Russenmacht ja aus
Und jetzt stehen unsre Armeen
In Feuerregen und Schneen
Und finden nicht mehr nach Haus.

Sie sagten: Wir können es schaffen
Gegen die ganze Welt

Unser Führer ist ein Dummkopf
Nur eines, das ist dumm:
Er hat noch Dümmre getroffen
Die führt er wie besoffen
Jetzt an der Nase herum.

Doch der Regen fließt von oben nach unten
Und zwei mal zwei ist vier
Und wer siegt, das sind die andern
Und wer geschlagen wird, das sind wir.

Fragment

ZEITUNGLESEN BEIM THEEKOCHEN

Frühmorgens lese ich in der Zeitung von epochalen Plänen
Des Papstes und der Könige, der Bankiers und der Ölbarone.
Mit dem anderen Auge bewach ich
Den Topf mit dem Theewasser
Wie es sich trübt und zu brodeln beginnt und sich wieder
klärt
Und den Topf überflutend das Feuer erstickt.

SAH VERJAGT AUS SIEBEN LÄNDERN

Sah verjagt aus sieben Ländern
Sie die alte Narrheit treiben:
Jene lob ich, die sich ändern
Und dadurch sie selber bleiben.

BRIEF AN DEN STÜCKESCHREIBER ODETS

Kamerad, in deinem Stück »Paradise Lost« zeigst du
Daß die Familien der Ausbeuter
Der Zerstörung anheimfallen.
Was soll das?

Vielleicht fallen die Familien der Ausbeuter
Der Zerstörung anheim. Und wenn sie es nicht täten?
Beuten sie nicht mehr aus, wenn sie verkommen oder
Fällt es uns leichter, ausgebeutet zu werden, wenn sie
Nicht verkommen sind? Soll der Hungrige
Weiter hungern, wenn der ihm das Brot verwehrt
Ein gesunder Mann ist?

Oder willst du uns sagen, daß unsere Unterdrücker
Schon geschwächt sind? Sollen wir
Unsere Hände in den Schoß legen? Solche Bilder malte
Unser Anstreicher, Kamerad, und über Nacht
Bekamen wir die Stärke unserer verkommenen Ausbeuter
zu spüren.

Oder solltest du Mitleid haben mit ihnen? Sollen wir
Wenn wir die Wanzen ausziehen sehen, Tränen vergießen?
Du, Kamerad, der du Mitleid zeigtest mit dem Mann
Der nichts zu essen hat, hast du nun Mitleid
Mit dem, der sich überfressen hat?

JUNGER MANN AUF DER ROLLTREPPE

(Im Stil des T. S. Eliot)

Sohn des Mannes, der das Haus erwarb
Wenn du jetzt hinunterfährst
Hoffte jener, als er starb
Daß du dich bewährst.

Wird dir da dein Fuß verletzt
Dauert's lange, bis er heilt
Eben war der Boden, der sich jetzt
Plötzlich teilt.

Spürst du unter deinem Fuß
Stufen auseinandergleiten
Ahnst du, daß man wohl beizeiten
Steigen oder fallen muß?

Stufe steigt und Stufe sinkt
Vor den Fuß? Den Fuß zurück?

Meinst du, den, dem's nicht gelingt
Heilt das Glück?

Gut. Du nimmst die obere Stufe.
Doch nun merkst du wohl: verschwunden
Sind des Tages Licht und Rufe.
Ach, die ganze lange Treppe fließt nach unten!

Und sie nimmt dich mit.
Weißt du es nun ganz?
Du auf dieser Treppe, Sohn des Manns
Der auf ebenem Boden schritt.

SOMMER 1942

Tag für Tag
Sehe ich die Feigenbäume im Garten
Die rosigen Gesichter der Händler, die Lügen kaufen
Die Schachfiguren auf dem Tisch in der Ecke
Und die Zeitungen mit den Nachrichten
Von den Blutbädern in der Union.

HOLLYWOOD

Jeden Morgen, mein Brot zu verdienen
Gehe ich auf den Markt, wo Lügen gekauft werden.
Hoffnungsvoll
Reihe ich mich ein zwischen die Verkäufer.

HOLLYWOOD-ELEGIEN

I

Das Dorf Hollywood ist entworfen nach den Vorstellungen
Die man hierorts vom Himmel hat. Hierorts
Hat man ausgerechnet, daß Gott
Himmel und Hölle benötigend, nicht zwei
Etablissements zu entwerfen brauchte, sondern
Nur ein einziges, nämlich den Himmel. Dieser
Dient für die Unbemittelten, Erfolglosen
Als Hölle.

II

Am Meer stehen die Öltürme. In den Schluchten
Bleichen die Gebeine der Goldwäscher. Ihre Söhne
Haben die Traumfabriken von Hollywood gebaut.
Die vier Städte
Sind erfüllt von dem Ölgeruch
Der Filme.

III

Die Stadt ist nach den Engeln genannt
Und man begegnet allenthalben Engeln.
Sie riechen nach Öl und tragen goldene Pessare
Und mit blauen Ringen um die Augen
Füttern sie allmorgendlich die Schreiber in ihren
Schwimmpfühlen.

IV

Unter den grünen Pfefferbäumen
Gehen die Musiker auf den Strich, zwei und zwei
Mit den Schreibern. Bach
Hat ein Strichquartett im Täschchen. Dante schwenkt
Den dürren Hintern.

V

Die Engel von Los Angeles
Sind müde vom Lächeln. Am Abend
Kaufen sie hinter den Obstmärkten
Verzweifelt kleine Fläschchen
Mit Geschlechtsgeruch.

VI

Über den vier Städten kreisen die Jagdflieger
Der Verteidigung in großer Höhe
Damit der Gestank der Gier und des Elends
Nicht bis zu ihnen heraufdringt.

DIE MASKE DES BÖSEN

An meiner Wand hängt ein japanisches Holzwerk
Maske eines bösen Dämons, bemalt mit Goldlack.
Mitfühlend sehe ich
Die geschwollenen Stirnadern, andeutend
Wie anstrengend es ist, böse zu sein.

LIEFERE DIE WARE!

Immer wieder
Wenn ich durch ihre Städte laufe
Einen Unterhalt suchend, wird mir gesagt:
Zeige, was in dir ist
Auf den Tisch damit!
Liefere die Ware!

Sage etwas, was uns begeistert!
Erzähle uns von unserer Größe!
Errate unsere geheimen Wünsche!
Zeige uns den Ausweg
Mach dich nützlich!
Liefere die Ware!

Stelle dich zu uns, damit
Du uns überragst
Zeige dich als einer von uns, wir
Werden dich den Besten nennen.
Wir können bezahlen, wir haben die Mittel
Niemand außer uns kann es.
Liefere die Ware!

Wisse, unsere großen Zeiger
Sind die zeigen, was wir gezeigt haben wollen.
Herrsche, indem du uns bedienst!
Daure, indem du uns Dauer verschaffst!
Spiele unser Spiel mit, wir teilen die Beute!
Liefere die Ware! Sei ehrlich mit uns!
Liefere die Ware!

Wenn ich in ihre verfaulenden Gesichter sehe
Vergeht mir der Hunger.

DAS WILL ICH IHNEN SAGEN

Ich fragte mich: warum reden mit ihnen?
Sie kaufen das Wissen ein, um es zu verkaufen.
Sie wollen hören, wo es billiges Wissen gibt
Das man teuer verkaufen kann. Warum
Sollten sie wissen wollen, was
Gegen Kauf und Verkauf spricht?

Sie wollen siegen
Gegen den Sieg wollen sie nichts wissen.
Sie wollen nicht unterdrückt werden
Sie wollen unterdrücken.
Sie wollen nicht den Fortschritt
Sie wollen den Vorsprung.

Sie sind jedem gehorsam
Der ihnen verspricht, daß sie befehlen können.
Sie opfern sich dafür
Daß der Opferstein stehen bleibt.

Was soll ich ihnen sagen, dachte ich. Das
Will ich ihnen sagen, beschloß ich.

DAS LIDICELIED

Bruder, es ist Zeit
Bruder, sei bereit
Gib die unsichtbare Fahne weiter jetzt!
Im Sterben nicht anders als einstmals im Leben
Wirst du nicht, Genosse, dich diesen ergeben.
Heut bist du besiegt und drum bist du der Knecht
Doch der Krieg endet erst mit dem letzten Gefecht
Doch der Krieg endet nicht vor dem letzten Gefecht.

Bruder, es ist Zeit
Bruder, sei bereit
Gib die unsichtbare Fahne weiter jetzt!
Gewalt oder Recht und es schwanket die Waage
Doch der Knechtschaft Tag um, kommen andere Tage.
Heut bist du besiegt und drum bist du der Knecht
Doch der Krieg endet erst mit dem letzten Gefecht
Doch der Krieg endet nicht vor dem letzten Gefecht.

JEDEN TAG GREIFEN DIE ROTEN ARMEEN AN

Die Welt hallt wider von dem Wort »Verteidigung«.
Nach bösen Absichten
Durchforschen die Radioansager die Reden des Anstreichers.
Die Staatsmänner und Generäle suchen auf der Landkarte
Nach bedrohten Punkten. Die Munitionsschiffe
Gehen unter auf dem Weg nach gefallenen Festungen.
Jeden Tag
Greifen die Roten Armeen an.

DIE GUTE TAT

Die Panzergrenadiere nehmen das
Telefongebäude zum dritten Mal.
Der Mut ist ungeheuer. Das Gemetzel ist riesig.
Größer
Ist der Mut dessen, der dem Befehl
Widersteht.

LIED EINER DEUTSCHEN MUTTER

Mein Sohn, ich hab dir die Stiefel
Und dies braune Hemd geschenkt:
Hätt ich gewußt, was ich heut weiß
Hätt ich lieber mich aufgehängt.

Mein Sohn, als ich deine Hand sah
Erhoben zum Hitlergruß
Wußt ich nicht, daß dem, der ihn grüßet
Die Hand verdorren muß.

Mein Sohn, ich höre dich reden
Von einem Heldengeschlecht
Wußte nicht, ahnte nicht, sah nicht:
Du warst ihr Folterknecht.

Mein Sohn, und ich sah dich marschieren
Hinter dem Hitler her
Wußte nicht, daß, wer mit ihm auszieht
Zurück kehrt er nimmermehr.

Mein Sohn, du sagtest mir, Deutschland
Wird nicht mehr zu kennen sein.
Wußt nicht, es würde werden
Zu Aschen und blut'gem Stein.

Sah das braune Hemd dich tragen
Hab mich nicht dagegen gestemmt
Denn ich wußte nicht, was ich heut weiß:
Es war dein Totenhemd.

GEZEICHNETE GESCHLECHTER

Lange bevor über uns die Bomber erschienen
Waren unsere Städte schon
Unbewohnbar. Den Unrat
Schwemmte uns
Keine Kanalisation aus.

Lange bevor wir gefallen in ziellosen Schlachten
Gehend noch durch die Städte, die dann noch standen
Waren schon unsere Frauen
Witwen uns und die Kinder uns Waisen.

Lange bevor uns in Gruben geworfen die selber
Gezeichneten
Waren wir freudlos. Das, was der Kalk uns
Wegfraß, waren
Gesichter nicht mehr.

IM ZEICHEN DER SCHILDKRÖTE

1

Im vierten Jahr aber entstieg der blutigen Flut
Ein kleines Tier, eine Schildkröte
Und sie trug in dem winzigen Rachen
Einen zierlichen Ölzweig.

2

Bald erschien ihr Bild, wie von Kinderhand gezeichnet
An den Wänden der Maschinenhallen
Auf den Asphaltböden der Bomberwerften
In den Werkzeugbänken der Tankfabriken.

3

Und wo die Kleine sich zeigte
Die Ungeschickte, die Langsame
Krochen die Tanks aus den Hallen bresthaft
Hoben die Bomber sich kränklich
Vermehrten die U-Boote sich lustlos zögernd:
Kam die Zeugung der Unfruchtbaren und Tödlichen ins
Stocken.

4

Das Wappentier der Unteren kämpfte
Mit dem Wappentier der Oberen.
Der Raubadler des Reichs
Ließ das Nest nur ungern allein:
Die Schildkröte fraß
Die Eier voll des Unheils.

DIE NEUEN ZEITALTER

Die neuen Zeitalter beginnen nicht auf einmal.
Mein Großvater lebte schon in der neuen Zeit
Mein Enkel wird wohl noch in der alten leben.

Das neue Fleisch wird mit den alten Gabeln gegessen.

Die selbstfahrenden Fahrzeuge waren es nicht
Noch die Tanks
Die Flugzeuge über unsern Dächern waren es nicht
Noch die Bomber.

Von den neuen Antennen kamen die alten Dummheiten.
Die Weisheit wurde von Mund zu Mund weitergegeben.

AUCH DAS BESCHÄDIGTE

Auch das Beschädigte
Nimm es in Kauf
Dies nicht Bestätigte
Schnell, gib es auf!

Dulde den mindern
Liebreiz der Wang
Siene, der Hintern
Gleicht sich noch lang.

Der du's versiebt hast
Halt, was verblieb
Du, der geliebt hast
Nimm jetzt vorlieb!

DAS FISCHGERÄT

In meiner Kammer, an der getünchten Wand
Hängt ein kurzer Bambusstock, schnurumwickelt
Mit einem eisernen Haken, bestimmt
Fischnetze aus dem Wasser zu raffen. Der Stock
Ist erstanden in einem Trödlerladen in »downtown«. Mein
Sohn
Schenkte ihn mir zum Geburtstag. Er ist abgegriffen.
Im Salzwasser hat der Rost des Hakens die Hanfbindung
durchdrungen.
Diese Spuren des Gebrauchs und der Arbeit
Verleihen dem Stock große Würde. Ich
Denke gern, dieses Fischgerät
Sei mir hinterlassen von jenen japanischen Fischern
Die man jetzt von der Westküste weg in Lager trieb
Als verdächtige Fremdlinge, bei mir eingestellt

Mich zu erinnern an manche
Ungelöste, aber nicht unlösliche
Frage der Menschheit.

DIE SCHANDE

Als ich bestohlen wurde in Los Angeles, der Stadt
Käuflicher Träume, merkte ich
Wie ich den Diebstahl, ausgeführt von einem Flüchtling
Gleich mir selber und einem Leser
All meiner Gedichte, sorglich geheimhielt
So als fürchtete ich, die Schande
Könne bekannt werden, sagen wir, bei der Tierwelt.

RÜCKKEHR

Die Vaterstadt, wie find ich sie doch?
Folgend den Bomberschwärmen
Komm ich nach Haus.
Wo denn liegt sie? Wo die ungeheueren
Gebirge von Rauch stehn.
Das in den Feuern dort
Ist sie.

Die Vaterstadt, wie empfängt sie mich wohl?
Vor mir kommen die Bomber. Tödliche Schwärme
Melden euch meine Rückkehr. Feuersbrünste
Gehen dem Sohn voraus.

AURORA

Aurora, du auf dem geliebten Fluß
In den man nicht, den gleichen, zweimal taucht:
Erschauernd unter deinem erzlippigen Kuß
Erhob die große Magd sich einst erlaucht.

Die große, nun erlauchte Magd ging lachend
Heim in ihr Dorf, und sie erzählte da
Wie sie aus unruhigem Schlaf erwachend
Den Fluß herauf dies Frührot schwimmen sah.

Dies Frührot kam, so sagte sie den Leuten
Als es noch Nacht war: es war so geschwind!
Und seine schöne Farbe anzudeuten
Nahm sie ihr rotes Kopftuch ab und schwenkte es im Wind.

IMMER WIEDER

Immer wieder in dem Gemetzel
Steht ein Mensch da und reißt sich vom Hemde
Die Streifen, zu verbinden den Mitmensch.

An der Küste, von ihren Heimen
Ziehen die Gelben in die kahlen Lager.
Von der Menge am Straßenrand
Kommt ein Ruf: Kopf hoch!
Es dauert nicht ewig!

Den Verwüstern ihrer Hütten
Gefangen in der Winterschlacht
Reichen die Sowjetbäuerinnen Brotlaibe:
Nehmt, Unglückliche!

Die Schlächter toben.
Ihre Opfer sagen von ihnen:
Es ist schade um sie.

Der Fremde wird gespeist.
Der Neue wird beraten.
Der Niedergeworfene wird aufgerichtet.

Immer wieder
Auch in dieser Zeit.

DER DEMOKRATISCHE RICHTER

In Los Angeles vor den Richter, der die Leute examiniert
Die sich bemühen, Bürger der Vereinigten Staaten zu werden
Kam auch ein italienischer Gastwirt. Nach ernsthafter
Vorbereitung
Leider behindert durch seine Unkenntnis der neuen Sprache
Antwortete er im Examen auf die Frage:
Was bedeutet das 8. Amendment? zögernd:
1492. Da das Gesetz die Kenntnis der Landessprache dem
Bewerber vorschreibt
Wurde er abgewiesen. Wiederkommend
Nach drei Monaten, verbracht mit weiteren Studien
Freilich immer noch behindert durch die Unkenntnis der
neuen Sprache
Bekam er diesmal die Frage vorgelegt: Wer
War der General, der im Bürgerkrieg siegte? Seine Antwort
war:
1492. (Laut und freundlich erteilt.) Wieder weggeschickt
Und ein drittes Mal wiederkommend, beantwortete er
Eine dritte Frage: Für wie viele Jahre wird der Präsident
gewählt?

Wieder mit: 1492. Nun
Erkannte der Richter, dem der Mann gefiel, daß er die neue
Sprache
Nicht lernen konnte, erkundigte sich
Wie er lebte, und erfuhr: schwer arbeitend. Und so
Legte ihm der Richter beim vierten Erscheinen die Frage
vor:
Wann
Wurde Amerika entdeckt: Und auf Grund seiner richtigen
Antwort
1492, erhielt er die Bürgerschaft.

VOM SPRENGEN DES GARTENS

O Sprengen des Gartens, das Grün zu ermutigen!
Wässern der durstigen Bäume! Gib mehr als genug. Und
Vergiß nicht das Strauchwerk, auch
Das beerenlose nicht, das ermattete
Geizige! Und übersieh mir nicht
Zwischen den Blumen das Unkraut, das auch
Durst hat. Noch gieße nur
Den frischen Rasen oder den versengten nur:
Auch den nackten Boden erfrische du.

PEINLICHER VORFALL

Als einer meiner höchsten Götter seinen 10 000. Geburtstag
beging
Kam ich mit meinen Freunden und meinen Schülern, ihn
zu feiern
Und sie tanzeten und sangen vor ihm und sagten
Geschriebenes auf.
Die Stimmung war gerührt. Das Fest nahte seinem Ende.

Da betrat der gefeierte Gott die Plattform, die den
Künstlern gehört
Und erklärte mit lauter Stimme
Vor meinen schweißgebadeten Freunden und Schülern
Daß er soeben eine Erleuchtung erlitten habe und nunmehr
Religiös geworden sei und mit unziemlicher Hast
Setzte er sich herausfordernd einen mottenzerfressenen
Pfaffenhut auf
Ging unzüchtig auf die Knie nieder und stimmte
Schamlos ein freches Kirchenlied an, so die irreligiösen
Gefühle
Seiner Zuhörer verletzend, unter denen
Jugendliche waren.

Seit drei Tagen
Habe ich nicht gewagt, meinen Freunden und Schülern
Unter die Augen zu treten, so
Schäme ich mich.

UND ES SIND DIE FINSTERN ZEITEN

Und es sind die finstern Zeiten
In der andern Stadt
Doch es bleibt beim leichten Schreiten
Und die Stirn ist glatt.

Harte Menschheit, unbeweget
Lang erfrornem Fischvolk gleich
Doch das Herz bleibt schnell gereget
Und das Lächeln weich.

GEMEINSAME ERINNERUNG

Nacht auf der Nyborgschaluppe
Frührot im finnischen Ried
Zeitung und Zwiebelsuppe
New York, fifty-seventh Street

Im Paris der Kongresse
Svendborg und Wallensbäk
Londoner Nebel und Nässe
Auf der »Anni Johnson« Deck

Zelt auf der Birkenkuppe
In Marlebaks Morgengraun
O Fahne der Arbeitertruppe
In der Altstadt von København!

WIDERSPRÜCHE

Und ich sah ein Geschlecht, befähigt sich Türme zu bauen
Hoch in das Licht der Sonne wie keins, und es hauste in
    Höhlen.
Wußte den Boden zu nähren, so daß er gedoppelte Frucht
    gab
Aß aber Rinde von Bäumen und hatte der Rinde genug
    nicht.
Und es war im Himmel der Ort, wo die Bombengeschwader
Tödlich erschienen und kamen herauf wie am Meer die
    Gezeiten
Nur nicht so pünktlich wie die, denn Natur war's, nur nicht
    verstandne.
Wieder wie einst entschied die nie zu wissende Wittrung
Dürre und Nässe, das Ausmaß alle nährender Ernten

Aber nicht ganz; denn, wiederkehrend in schrecklichen
Zyklen
Schaufelte sich das Getreide ins Feuer, die Bohne ins Wasser.
Und da vieles geschah, entrückt der gemeinen Berechnung
Tauchten in Formeln, die Berge versetzten und Flüsse
verlegten
Wieder die Götter auf, die alten, aus dunkler Vorzeit.

DIE VERWANDLUNG DER GÖTTER

Die alten heidnischen Götter – das ist ein Geheimnis –
Waren die ersten, die sich zum Christentum bekehrten
Durch die grauen Eichenhaine gingen sie vor allem Volk
Murmelten volkstümliche Gebete und bekreuzten sich.

Durch das ganze Mittelalter stellten sie sich
Wie zerstreut in die steinernen Nischen der Gotteshäuser
Überall, wo göttliche Gestalten gebraucht wurden.

Und zur Zeit der Französischen Revolution
Legten sie als erste die goldenen Masken der reinen
Vernunft an
Und als mächtige Begriffe
Gingen sie, alte Blutsäufer und Gedankenknebler
Über die gebeugten Rücken der schuftenden Menge.

ÜBER DEN BÜRGERLICHEN GOTTESGLAUBEN

Der eine ist reich und der andere ist arm
Und man sieht nicht, woraus es kommt, denn
Da sind Törichte reich, und weise Leute
Wissen nicht, wo ihren Kopf verstecken vor dem Regen.
Da also nichts nach Verdienst geht

Muß es doch einen Gott geben
Der nach seinem Gutdünken verfügt.

Was ist eine Banknote, die doch ein Papier ist
Ohne Gewicht, und doch
Das ist Gesundheit und Wärme, Liebe und Sicherheit.
Hat sie nicht ein geistiges Wesen?
Das ist etwas Göttliches.

Warum steigen die Ausgehungerten in die Kohlenschächte?
In ihren großen Händen haben sie Hacken und Hämmer
Und die Begüterten gehen doch unter ihnen am Samstag mittag
Ohne Furcht herum
Gott beschützt sie.

Aber vor allem: der Tod!
Da wird uns das Leben entrissen
Wie sollen wir Entreißer uns etwas entreißen lassen?
Immer haben wir etwas bekommen dafür, daß wir lebten
Sollen wir für unsern Tod nichts bekommen?
Gott schenkt uns ein besseres Leben.

DIE HANDELND UNZUFRIEDENEN

Die handelnd Unzufriedenen, eure großen Lehrer
Erfanden die Konstruktion des Gemeinwesens
In dem der Mensch dem Menschen kein Wolf ist.
Und entdeckten die Lust des Menschen am Sattessen und
Trockenwohnen
Und seinen Wunsch, seine Sache selber zu ordnen.

Sie glaubten nicht dem Geschwätz der Pfaffen
Daß der schreckliche Hunger gestillt werde, wenn die
Mägen verfault sind.

Sie schütteten die Schüssel mit dem schlechten Essen aus.
Sie erkannten in dem Mann, den man ihnen als Feind
 bezeichnete
Ihren hungrigen Nebenmann.
Sie waren geduldig nur im Kampf gegen die Unterdrücker
Verträglich nur zu denen, die die Ausbeutung nicht ertrugen
Müde nur des Unrechts.

Wer den Stuhl wegschleuderte, auf dem er schlecht saß
Wer den Pflug einen Zoll tiefer in die Erde drückte als jeder
 andere zuvor
Der soll unser Lehrer sein, der Unzufriedene
Beim Umbau des Gemeinwesens.

Diejenigen aber
Die von einem Teller voll Versprechungen satt wurden
Ihnen soll man die Mägen herausreißen.
Ihre krummen Knochen zu verstecken
Ist ein Löffel voll Sand zu schade.

DIE FREIWILLIGEN WÄCHTER

Mit meinen literarischen Werken
Habe ich mir einige freiwillige Wächter gewonnen
Die in dieser Stadt der Verkäufe über mich wachen.

Teure Häuser und Häuser mit exotischem Einschlag
Sind mir verboten. Gewisse Leute
Darf ich nur sehen, wenn ich Geschäfte
Nachweisen kann. Sie einzuladen an meinen Tisch
Ist mir verboten. Als ich von dem Kauf eines
 schöngearbeiteten Tisches sprach
Stieß ich nur auf Gelächter. Wollte ich eine Hose kaufen
Würde ich sicher hören: hast du nicht schon eine?

So wachen sie über mich in dieser Stadt
Um sagen zu können, sie kennen einen
Der sich nicht verkauft.

AN EINEN BEFREUNDETEN DICHTER

Von jenem Lande, dessen Boden zu betreten
Man uns verwehrt (man kann uns nicht verwehren
In seiner Sprache heute noch zu reden)
Sprichst du wie der, den Lieb und Haß verzehren
Weil beir Geliebten ihn durch abgefeimte Künste
Ein Nebenbuhler listig ausgestochen.
Der Lippen Fülle denkt er und der Achselhöhlen Dünste
Vergißt er nicht, die er vor Jahr und Tag gerochen.

Seh ich dich so in vielerlei Gedichten
Zu längst zerstörten Häusern Steine schichten
Und mühsam neu baun abgetragene Örter
Dann fürcht ich, du vergißt, daß deine Hand
Nach einem Bild greift, nicht nach einem Land
Dein Fuß nicht Boden da betritt, nur Wörter.

WIR GUTEN

Rennend zwischen Riesentrichtern
Lassen wir hysterisch Drachen steigen
Schwarz mit Texten, oben anzuzeigen
Die Präsenz von strengen Richtern.

Niemand freilich wird sie sichten
Abgesehn von einigen Staren
Denn die großen Bomber fahren
In den allerhöchsten Schichten.

Harmlos sind die Drachenspiele
Nur verbrauchen wir zu viele
Dicke
Schöne zuverlässige Stricke.

ALS WIR UNS NUN EBEN WERFEN LIESSEN

Als wir uns nun eben werfen ließen
In das große Kräftespiel
Blickten wir uns so gebieterisch um wie Riesen
Doch ein Riesenschritt war uns zuviel.

Und wir sonnten uns im Hasse
Und wir priesen Kraft und hatten keine.
Und wir zogen aller Blick auf unsre Rasse
Und es war die alte und gemeine.

TAGESANBRUCH

Nicht umsonst
Wird der Anbruch jeden neuen Tages
Eingeleitet durch das Krähen des Hahns
Anzeigend seit alters
Einen Verrat.

IN DER FRÜHE DES NEUEN TAGS

In der Frühe des neuen Tags noch zur Dämmerung
Werden die Geier sich erheben in dicken Schwärmen
An entfernten Gestaden
In lautlosem Flug
Im Namen der Ordnung.

BRIEFE ÜBER GELESENES

(Horazens Episteln, Buch 2, Epistel 1)

I

Hütet euch, ihr
Die ihr den Hitler besingt! Ich
Der die Züge des Mai und Oktober
Am Roten Platze gesehen habe und die Inschriften
Ihrer Transparente und am Pazifischen Meer
Auf dem Roosevelt-Highway die donnernden
Ölzüge und Lastwägen, beladen mit
Fünf Autos übereinander, weiß
Daß er bald sterben wird und sterbend
Seinen Ruhm überlebt haben wird, aber
Selbst wenn er die Erde unbewohnbar
Machte, indem er sie
Eroberte, könnte kein Lied
Ihn besingend, bestehn. Freilich erstirbt
Allzurasch der Schmerzensschrei auch ganzer
Kontinente, als daß er das Loblied
Des Peinigers ersticken könnte. Freilich
Haben auch die Besinger der Untat
Wohllautende Stimmen. Und doch
Gilt der Gesang des sterbenden Schwanes am schönsten: er
Singt ohne Furcht.

In dem kleinen Garten von Santa Monika
Lese ich unter dem Pfefferbaum
Lese ich beim Horaz von einem gewissen Varius
Der den Augustus besang, das heißt, was das Glück, seine
Feldherrn
Und die Verderbtheit der Römer für ihn getan. Nur kleine
Fragmente
Abgeschrieben im Werk eines andern, bezeugen

Große Verskunst. Sie lohnte nicht
Die Mühe längeren Abschreibens.

II

Mit Vergnügen lese ich
Wie Horaz die Entstehung der Saturnischen Verskunst
Zurückführt auf die bäurischen Schwänke
Welche die größten Häuser nicht schonten, bis
Die Polizei boshafte Lieder verbot, wodurch
Die Schmähenden gezwungen wurden
Edlere Kunst zu entwickeln und mit
Feineren Versen zu schmähen. So wenigstens
Verstehe ich diese Stelle.

EIN FILM DES KOMIKERS CHAPLIN

In ein Bistro des Boulevard Saint Michel
Kam an einem regnerischen Herbstabend ein junger
Maler
Trank vier, fünf jener grünen Schnäpse und berichtete
Den gelangweilten Billardspielern von einem erschütternden
Wiedersehn
Mit einer einstmaligen Geliebten, einem zarten Wesen
Nunmehr Gattin eines wohlhabenden Fleischhauers.
»Schnell, meine Herren«, rief er beschwörend, »bitte, die
Kreide
Die Sie benutzen für Ihre Queues!«, und knieend am
Boden
Suchte er, zitternder Hand, ihr Bildnis zu zeichnen
Sie, die Geliebte entschwundener Tage, verzweifelt
Auswischend was er gezeichnet, von neuem beginnend

Wiederum stockend, andere Züge
Mischend und murmelnd: »Gestern noch wußt ich sie«.
Über ihn stolperten fluchende Gäste, erbost der Wirt
Nahm ihn am Kragen und warf ihn hinaus, doch rastlos
am Fußsteig
Kopfschüttelnd jagte er nach mit der Kreide den
Zerfließenden Zügen.

ALS DER NOBELPREISTRÄGER THOMAS MANN DEN AMERIKANERN UND ENGLÄNDERN DAS RECHT ZUSPRACH, DAS DEUTSCHE VOLK FÜR DIE VERBRECHEN DES HITLERREGIMES ZEHN JAHRE LANG ZU ZÜCHTIGEN

I

Züchtigt den Gezüchtigten nur weiter!
Züchtigt ihn im Namen des Ungeists!
Züchtigt ihn im Namen des Geists!

Die Hände im dürren Schoß
Verlangt der Geflüchtete den Tod einer halben Million
Menschen.
Für ihre Opfer verlangt er
Zehn Jahre Bestrafung. Die Dulder
Sollen gezüchtigt werden.

Der Preisträger hat den Kreuzträger aufgefordert
Seine bewaffneten Peiniger mit bloßen Händen anzufallen.
Die Presse brachte keine Antwort. Jetzt
Fordert der Beleidigte die Züchtigung
Des Gekreuzigten.

II

Einen Hunderttausenddollarnamen zu gewinnen
Für die Sache des gepeinigten Volkes
Zog der Schreiber seinen guten Anzug an
Mit Bücklingen
Nahte er sich dem Besitzer.

Ihn zu verführen mit glatten Worten
Zu einer gnädigen Äußerung über das Volk
Ihn zu bestechen mit Schmeichelei
Zu einer guten Tat
Ihm listig vorzuspiegeln
Daß die Ehrlichkeit sich bezahlt macht.

Mißtrauisch horchte der Gefeierte.
Für einen Augenblick
Erwog er, auch hier gefeiert zu werden, die Möglichkeit.
Schreib auf, mein Freund, ich halte es für meine Pflicht
Etwas für das Volk zu tun. Eilig
Schrieb der Schreiber die kostbaren Worte auf, gierig
Nach weiterem hochblickend, sah er nur noch den Rücken
Des Gefeierten im Türrahmen. Der Anschlag
War mißglückt.

III

Und für einen Augenblick auch
Stand der Bittsteller verwirrt
Denn die Knechtseligkeit
Machte ihm Kummer, wo er immer sie traf.

Aber dann, eingedenk
Daß dieser verkommene Mensch

Lebte von seiner Verkommenheit, das Volk aber
Nur den Tod gewinnt, wenn es verkommt
Ging er ruhiger weg.

DAS NEUE SCHWEISSTUCH

Als der große Blutende daher kam
Schuldig, es geduldet zu haben
Kommend von Fron und gehend zu Fron
Trat ihm entgegen kopfschüttelnd ein Feister
Riechend nach ein bißchen indischem Moschus
Zog aus der geschwollenen Brusttasche ein Papier
Und reichte es vor allem Volk dem Blutenden
Und vor dem beifallklatschenden Volk
Wischte der Blutende geduldig
Seinen Schweiß ab, und der Feiste
Nahm das Papier zurück, auf welchem
Nun das Antlitz des Blutenden gebildet war
Schwenkte es vor der Menge
Und schickte es
In die Münze.

VERURTEILUNG ANTIKER IDEALE

Würde, mit falschen Gewichten gewogen!
Wen läßt du zurück, unerschütterter Greis?
Unzerkrümpelte Falten imperialer Togen
Wer entfernte das Zettelchen mit dem Preis?

O Stumpfsinn der Größe vergangener Zeiten
O steinerne Standbilder der Geduld
Klagloses Ertragen vermeidbarer Leiden
Glaube an unvermeidbare Schuld!

Was mußtet ihr, die euch das Schicksal bereiten
Götter nennen? Zu was war das gut?
O Gelassenheit, idiotisches Schweigen
Zu dem, was euch getan wird, und zu dem, was ihr tut.

Du, der du den Schlag empfingst und nicht schrieest
Du, der du von allen Tischen weggingst
Du, der du verstandest und der du verziehest
Du, der du im Feuer stehst und noch singst

Du, der du da um dein Leben betrogen bist
Und der du nicht kämpfst, bilde dir nichts ein:
Das Todesurteil, das an dir schon vollzogen ist
Soll auch von uns unterschrieben sein.

ENTTÄUSCHUNG

Woher hatten sie's, wenn sie's nicht stahlen
Jene Airs, sich ewig aufzuheben?
Auf den ungeheuren Piedestalen
Läßt es sich nicht so lang menschlich leben.
Solche schwarze eingeschrumpfte Zwerge
Wie man wegschafft, sind sie nicht gewesen
Nur: auf ihrem gipsernen Äonenberge
Hatten sie den Spatzen diese Krumen wegzulesen.
Alles, was den Göttlichen ja nach dem Buch gebühret
Sind die Tränklein aus der kleinen Regen Hebe!
Unser grimmer Hunger, daß es solche gebe
Die nicht hungern, hat sie so verführet.

VIELE SEHEN ES SO

Viele sehen es so, als drängten wir uns
Zu den abgelegensten Verrichtungen
Bemühten uns um seltene Aufträge
Unsere Kräfte zu erproben oder unter Beweis zu stellen –
Aber in Wirklichkeit sieht besser, wer
Uns einfach das Unvermeidliche tun sieht:
Möglichst gerade zu gehen, die Hindernisse des Tages
Zu überwinden, die Gedanken zu vermeiden, die
Schlimme Folgen gehabt haben, die günstigen
Ausfindig zu machen, eben:
Den Weg des Tropfens zu bahnen im Fluß, der sich
Durch das Geröll den Weg bahnt.

DER BAUCH LAUGHTONS

Sie alle verschleppen ihre Bäuche
Als wäre es Raubgut, als würde gefahndet danach
Aber der große Laughton trug ihn vor wie ein Gedicht
Zu seiner Erbauung und niemandes Ungemach.
Hier war er: nicht unerwartet, doch nicht gewöhnlich
Und gebaut aus Speisen, ausgekürt
In Muße, zur Kurzweil.
Und nach gutem Plan, vortrefflich ausgeführt.

VERTRAUEN DADURCH ERSCHÖPFT, DASS ES VERLANGT WIRD

Deine Taten werden nicht gutgeheißen, weil sie die deinen sind
Sondern du wirst gutgeheißen, solange sie gut sind.

Der oft versagt hat, kann nicht verlangen
Daß seine Vorschläge durchgedacht werden, aber der nicht
versagt hat
Kann nicht verlangen, daß man sie nicht mehr durchdenkt.

Bedenke auch, daß Vertrauen
Dadurch erschöpft wird, daß es verlangt wird.

BERICHT DES SOHNES

Als ich die Stadt betrat, die mir der Vater
Beschrieben hatte, als die schönste, ging ich
Sofort vom Bahnhof aus zu finden
Jene breite Straße, die er mir nannte jene breite Straße.
Mit Ungeduld ging ich durch ein paar Straßen
Und fragte schließlich einen der vorbeiging
Wo jene breite Straße sei, da sagte
Mir jener: hier, in der wir eben sind.

DIE HEILIGEN MÄNNER ESSEN HEUSCHRECKEN

Die heiligen Männer essen Heuschrecken
Die Armen essen gar nichts.
Die Opferer sind noch nicht zurückgekommen
Die Gefallenen haben nicht gefallen.
Die Füchsinnen haben die Käuferchen gefressen.

Der große Berg hat abgedankt.
Wohin wird er sich zurückziehn? Die nächsten Regen
Lösen ihn vielleicht auf. In Schmutz, woraus
Für ein Jahrtausend Filme gemacht werden können.

Die Feigen verfault! O milchige Frühe!
Sie klatschen wie mächtige Fladen der Kühe

Fragment

STÄDTISCHE LANDSCHAFT

1

Ihr Ausgegabelten aus den Sardinenbüchsen
Einzelne wieder, Pläne eurer Mütter
Zwischen Teller und Lippe, noch einmal
Mit seltsamem Aug, vielleicht einer eigenen Brau!
Triefend vom Öl des Zuspruchs und des Trostes
Der euch frisch hält, etwas flachgedrückt
Mit Bügelfalten, ihr Buchhalter, euch
Suche ich auf, der Städte
Gepriesenen Inhalt!

2

Aus dem Gossenwasser
Wird noch Gold gewaschen.
Der große Entlassene
Über den Dächern, der Rauch
Begibt sich hinweg.

3

Im Hinterhof hängt Wäsche: eines Weibes
Rosa Hose, der Wind
Fährt hinein.

4

Die Stadt schläft. Sie schlingt
Heißhungrig ihren Schlaf hinunter. Gurgelnd
Liegt sie in der Gosse, heimgesucht
Von unzüchtigen Träumen und
Nahrungssorgen.

5

Die Menschenströme
Überfüllen die Geschäftsviertel
Die in der Nacht gesäubert wurden
Von dem Schmutz und den Verheerungen der
Menschenströme
Vom Tag vorher.

6

In den trüben Menschenströmen
Die an die Häuserwände klatschen
Schwimmen Zeitungsblätter.
Die Monumente umspülen und
In die Kontorgebäude hochsteigen

7

Die neun Völker der Stadt, schlafen
Erschöpft
Von ihren Lastern und den Lastern der anderen.
Die Werkzeuge
Liegen bereit für die morgige Arbeit. Durch die leeren
Straßen
Hallen die Schritte der Wächter.

Auf einem Feld weit weg
Erheben sich schwer
Die Bombenplane.

E. P. AUSWAHL SEINES GRABSTEINS

Die Herstellung von Versteinerungen
Ist ein mühsames Geschäft und
Kostspielig. Ganze Städte
Müssen in Schutt gelegt werden
Und unter Umständen umsonst
Wenn die Fliege oder der Farn
Schlecht plaziert wurde. Überdies
Ist der Stein unserer Städte nicht haltbar
Und auch Versteinerungen
Halten sich nicht sicher.

ALS WIR KAMEN VOR MILANO

Als wir kamen vor Milano
Haben wir nach Haus geschrieben:
Dieser Krieg, Leut, endet schon.
Denn der Hauptmann war gefallen
Und die Feldküch war verschollen
Und verschossen die Munition.
　Als der Krieg fünf Jahr gedauert
　Kam kein Wörtlein von der Frau mehr
　Und das wundert keinen groß.
　Oft, wenn mir mein Wein vermessen
　Sah ich sie: sie ist gesessen
　Jetzt auf eines andern Schoß.

Als wir enterten Milano
Brannten wir's von vorn nach hinten
Und von hinten dann nach vorn.
Haben sieben Tag geschwogen
Weiber alt und jung verzogen
Denn so groß war unser Zorn.
  Denn wie lang wird sie schon warten
  Wenn die hellen Nächte kommen und der laue
      Frühjahrswind?
  Wie lang, sagt sie, soll ich wachen
  Einer muß es mir doch machen –
  Fleischlich wie die Weiber sind.

Als wir zogen von Milano
Hob der Feldzug an aufs neue
In der Ferne bleiben wir.
Wieviel Hur'n wer'n wir noch winken
Wieviel Fäßlein Wein noch trinken?
Mindestens drei oder vier.

EINMAL UNTER VIELEN MALEN

Einmal unter vielen Malen
Vergißt das Schicksal die Glücklichen
Ausbleibt der giftgeschwollene Brief
Der Mord verspätet sich
Wie in einer goldenen Staubwolke verborgen
Leben die Liebenden dahin.

Aber vielleicht weiß das Schicksal alles
Wünscht nur eine unsichere Hand zu zeigen und fügt
Zögernd sieben glückliche Jahre hinzu, nimmt unschlüssig
Zwei wieder weg.

LEICHT, ALS OB NIE DEN BODEN BERÜHREND

Leicht, als ob nie den Boden berührend und folgend
Geisterhaftem Getrommel, betraten die unglückseligen
Fürstlichen Brüder die Bühne und füglich begannen
Da zu sein auf dem lichtumzirkelten Plan. Und die Maße
Blieben gefällig zwischen den Gruppen und schwirrend wie
Messer
Unfehlbar und zitternd im Zielpunkt
Kamen die Sätze, aber Gruppierung und Tonfall
Hielt zwischen lang erinnertem Zufall und halb
Vergessener Planung. Schnell ward die Wache beschlossen
Der Spitzel besorgt, der Denker gemietet und peinlich
Hörte, im Lächeln erfroren, der Hof die fürstlichen Brüder
Eifrig die Schwester zur Keuschheit ermahnen, die liebliche
Ermahnen zur Jungfernschaft. Schneller Abschied.
Verweigert
Wird die Umarmung, die nicht geboten wird. Allein
Steht die Keusche und verschwört
Keuschheit.

BEI DER NACHRICHT VON DER ERKRANKUNG EINES MÄCHTIGEN STAATSMANNS

Wenn der unentbehrliche Mann die Stirn runzelt
Wanken zwei Weltreiche.
Wenn der unentbehrliche Mann stirbt
Schaut die Welt sich um wie eine Mutter, die keine Milch
für ihr Kind hat.
Wenn der unentbehrliche Mann eine Woche nach seinem
Tod zurückkehrte
Fände man im ganzen Reich für ihn nicht mehr die Stelle
eines Portiers.

ICH, DER ÜBERLEBENDE

Ich weiß natürlich: einzig durch Glück
Habe ich so viele Freunde überlebt. Aber heute nacht im
Traum
Hörte ich diese Freunde von mir sagen: »Die Stärkeren
überleben«
Und ich haßte mich.

IM SECHSTEN JAHR

Unter dem befleckten Banner des Viehs
Verteidigend seinen Raub
Kämpfen unsere jungen Söhne wie die Löwen.
Aus den unbewohnbaren Heimstätten
Erheben sich die Bomber zum Angriff.
Immer noch aus ihren brennenden Städten
Fahren die Panzerhorden ans Nordkap.
Die Bauern der Champagne
Hören die schweren Stiefel der Eroberer
Deren Eltern unterm Schutt unserer Städte liegen.

HAKENKREUZ UND DOUBLE CROSS

Hakenkreuz und Double Cross
Traten an zum Kampfe.
Hakenkreuz stand umhüllt vom Rauch
Double Cross vom Dampfe.

Hakenkreuz trat das Volk in den Arsch
Und sprach ein paar passende Worte.
Double Cross murmelte: Seid so frei!
Und gab dem Volk ein Stück Torte.

Double Cross hat an Gott geglaubt
Hakenkreuz schiß auf den Glauben:
Double Cross hatte einmal was geraubt
Das wollte jetzt Hakenkreuz rauben.

Double Cross wütete schlimm genug
Hakenkreuz wütete schlimmer.
Hakenkreuz wollte zehntausend Jahr
Dauern. Double Cross immer.

Hakenkreuz und Double Cross
War'n schreckhaft, es war ein Jammer:
Hakenkreuz konnte keine Sichel sehn
Und Double Cross keinen Hammer.

GARDEN IN PROGRESS

Hoch über der pazifischen Küste, unter sich
Den leisen Donner der Wogen und das Rollen der Ölwaggons
Liegt der Garten des Schauspielers.

Das weiße Haus ist beschattet von riesigen
Eukalyptusbäumen
Verstaubten Überbleibseln der verschwundenen Mission.
Nichts sonst erinnert an sie, es sei denn das indianische
Granitene Schlangenhaupt, das neben dem Brunnen liegt
Als erwarte es geduldig
Den Verfall mehrerer Zivilisationen.

Und da war auf einem Holzblock eine mexikanische
Skulptur
Aus porösem Tuffstein, darstellend ein Kind mit
heimtückischen Lidern
Das stand vor den Backsteinen des Werkschuppens.

Schöne graue Bank chinesischer Zeichnung, zugewendet
Dem Werkschuppen. Auf ihr sitzend, plaudernd
Blickst du über die Schulter auf den Zitronenhain
Ohne Mühe.

In einem heimlichen Gleichgewicht
Ruhen und schwingen die Teile, doch nirgends
Scheiden sie sich dem entzückten Blick, auch erlaubt die
meisterliche Hand
Des allgegenwärtigen Gärtners keiner der Einheiten
Völlige Einheitlichkeit: bei den Fuchsien etwa
Mag ein Kaktus wohnen. Auch ordnen die Jahreszeiten
Ständig die Einblicke, bald hier, bald da
Blühen oder verblühen die Gruppen. Ein Menschenalter
Reichte nicht aus, hier alles zu bedenken. Doch
Wie der Garten mit dem Plan
Wächst der Plan mit dem Garten.

Die kräftigen Eichenbäume in dem lordlichen Rasen
Sind deutliche Geschöpfe der Fantasie. Der Herr des
Gartens
Baut mit der scharfen Säge
Alljährlich ein neues Geäst.

Unbedacht aber wuchert das Gras jenseits der Hecke
Um den riesigen wilden Rosenstrauch. Cynien und bunte
Winden
Wiegen sich über dem Abhang. Süße Bohnen, Farne
Sprießen um das gescheitete Brennholz.

In der Ecke unter den Fichten
Findest du an der Mauer den Fuchsiengarten. Wie
Immigranten
Stehen die schönen Sträucher uneingedenk ihrer Herkunft
Sich überraschend durch manches kühne Rot

Mit volleren Blüten um den kleinen einheimischen
Zarten und kraftvollen Strauch der winzigen Kelchlein.

Und da war ein Garten im Garten
Unter einer Föhre, also im Schatten
Zehn Fuß breit und zwölf Fuß lang
Der war groß wie ein Park
Mit ein wenig Moos und Zyklamen
Und zwei Büschen Kamelien.

Und nicht nur aus seinen Pflanzen und Bäumen
Baute der Herr des Gartens, sondern auch
Mit den Pflanzen und Bäumen der Nachbarn, sagend ihm
dieses
Lächelnd gestand er: ich stehle nach allen Seiten.
(Aber die schlechten Dinge verbarg er
Mit seinen Pflanzen und Bäumen.)

Überall verstreut
Standen kleine Büsche, Gedanken einer Nacht
Wohin man kam, wenn man suchte
Fand man verborgen lebendige Entwürfe.

Am Haus hin führt ein klösterlicher Gang von
Ibiskussträuchern.
Eng gepflanzt, daß der Promenierende
Sie zurückbiegen muß, so entladend
Den vollen Duft ihrer Blüten.

In dem klösterlichen Gang am Haus, neben der Lampe
Ist der arizonische Kaktus gepflanzt, der mannshohe, der
alljährlich
Eine Nacht lang blüht, dieses Jahr
Zu dem Donner der manöverierenden Schiffskanonen

Mit faustgroßen weißen Blumen von der Zartheit
Eines chinesischen Schauspielers.

Leider ist der schöne Garten, hoch über der Küste gelegen
Auf brüchiges Gestein gebaut. Erdrutsche
Nehmen ohne Warnung Teile plötzlich in die Tiefe.
Anscheinend
Bleibt nicht viel mehr Zeit, ihn zu vollenden.

LEKTÜRE OHNE UNSCHULD

In seinen Tagebüchern der Kriegszeit
Erwähnt der Dichter Gide einen riesigen Platanenbaum
Den er bewundert – lange – wegen seines enormen Rumpfes
Seiner mächtigen Verzweigung und seines Gleichgewichts
Bewirkt durch die Schwere seiner wichtigsten Äste.

Im fernen Kalifornien
Lese ich kopfschüttelnd diese Notiz.
Die Völker verbluten. Kein natürlicher Plan
Sieht ein glückliches Gleichgewicht vor.

DER ALTE MANN VON DOWNING STREET

›Steh still, Sonn, zu Gibeon,
Mond im Tal Ajalon!‹

Zieht eure Ledergürtel fester, flandrische Arbeiter!
Der alte Mann von Downing Street frühstückt mit euren
300 Verrätern heute Morgen.

Verbackt euer Saatgut, Bauern der Campagna!
Es wird kein Land geben. Dockarbeiter von Neapel
Auf die Häuserwände werdet ihr malen:

»Gebt uns den Stinker zurück!« Heute im vollen
Tageslicht
War der alte Mann von Downing Street in Rom.

Haltet eure Söhne im Haus, Mütter von Athen!
Oder zündet die Kerzen an für sie: heute nacht
Bringt der alte Mann von Downing Street euren König
zurück.

Steht auf aus euren Betten, Labourlords!
Kommt, dem alten Mann von Downing Street den blutigen
Rock zu bürsten!

AUF DIE NACHRICHT VON DEN TORYBLUTBÄDERN IN GRIECHENLAND

In der Mitte des größten Gestanks
Werden die größten Wörter gesprochen.
Wer seine Nase zuhalten muß
Wie soll der seine Ohren zuhalten?

Wenn die Kanonen nicht heiser wären
Würden sie sagen: wir tun's für die Ordnung.
Wenn der Schlächter sich die Zeit nähme
Würde er sagen: ich bin selbstlos.

Seit meine Landsleute, die Griechenforscher
Aus den homerischen Gefilden vertrieben sind
Wo sie nach Olivenöl und Herden geforscht haben
Kehrten die Befreier zurück aus der Schlacht
Da saßen neue Herren in ihren Städten.

Zwischen den Kanonen hervor traten die Händler.

ALLES WANDELT SICH

Alles wandelt sich. Neu beginnen
Kannst du mit dem letzten Atemzug.
Aber was geschehen, ist geschehen. Und das Wasser
Das du in den Wein gossest, kannst du
Nicht mehr herausschütten.

Was geschehen, ist geschehen. Das Wasser
Das du in den Wein gossest, kannst du
Nicht mehr herausschütten, aber
Alles wandelt sich. Neu beginnen
Kannst du mit dem letzten Atemzug.

EMPFEHLUNG EINES LANGEN, WEITEN ROCKS

Und wähl den bäuerlichen weiten Rock
Bei dem ich listig auf die Länge dränge:
Ihn aufzuheben in der ganzen Länge
An Schenkeln hoch und Hintern, gibt den Schock.
Und wenn du hockst auf unsrer Ottomane
Laß ihn verrutschen, daß in seinem Schatten

Durch den Tabakrauch wichtiger Debatten
Dein Fleisch mich an die gute Nacht gemahne.

Doch sind es nicht nur niedere Gelüste
Die mich nach solchem Rocke schreien lassen:
Du gehst drin schön, wie einst durch Kolchis Gassen
Medea, als den Korb sie meerwärts trug. –
Doch wenn ich keine andern Gründe wüßte:
Wähl solchen Rock! Die niedern sind genug.

LIEDER AUS »DIE REISEN DES GLÜCKSGOTTS«

ARIE DES GLÜCKSGOTTS

Bruder, du machst meine Augen naß
Ich seh, dein Leben ist kein Spaß.
Hier ist ein Apfel, schau, ich habe drei
So kann ich dir einen geben.
Da seh ich nichts Übertriebnes dabei:
Wir können beide leben.
Nur versprich mir, daß du die Kerne
In deiner Gier nicht schluckst
Sondern sie, vor ich mich entferne
In die Erde spuckst.
Und wird es ein Apfelbaum
Mitten in deinem Feld
Dann komm und hol dir die Äpfel
Von dem Baum, den du bestellt.

ZWEITES LIED DES GLÜCKSGOTTS

Söhnlein, kauf dir einen Strick
Und vergiß die Sorgen.
Was dir gestern war Geschick
Ist dir Zufall morgen.
    Tausend Jahre fiel der Tau
    Morgen bleibt er aus.
    Sterne treten ungenau
    In ein neues Haus.

Groß bleibt groß und klein bleibt klein
Soviel weiß ich noch.
Kleine treffen nicht mehr ein
Große vielleicht doch.
Auf dem gischtgemischten Schwall
Reite du vertraulich:
Höhn sind herrlich überall
Und die Tiefen graulich.

DRITTES LIED DES GLÜCKSGOTTS

Als die Braut ihr Bier getrunken
Gingen wir hinaus. Der Hof lag nächtlich.
Hinterm Abtritt hat's gestunken
Doch die Wollust war beträchtlich.

Als wir wieder drinnen saßen
In der Menge, alt und jung
Sang ich: Unterm grünen Rasen
Ist zu wenig Abwechslung.

LIEBESUNTERRICHT

Aber, Mädchen, ich empfehle
Etwas Lockung im Gekreisch:
Fleischlich lieb ich mir die Seele
Und beseelt lieb ich das Fleisch.

Keuschheit kann nicht Wollust mindern
Hungrig wär ich gerne satt.
Mag's wenn Tugend einen Hintern
Und ein Hintern Tugend hat.

Seit der Gott den Schwan geritten
Wurd es manchem Mädchen bang
Hat sie es auch gern gelitten:
Er bestand auf Schwanensang.

SIEBENTES LIED DES GLÜCKSGOTTS [1]

Freunde, wenn ihr euch mir verschreibt
Und das könnte sich lohnen
Wißt, daß ihr dann nicht geduldet bleibt
Mehr in den höhren Regionen!

Denn die Götter von Ruf und Stand
Haben auf alle Fälle
Mich kleinen dicken endgültig verbannt
In die Schweineställe.

Und noch kein Pfäfflein mit Selbstrespekt
Hat mich je seinen Kunden empfohlen
Wer sich nur einmal wollüstig streckt
Wird sofort zur Beichte befohlen.

Wer meiner Weine gedenkend schmatzt
Wer zum Bett ein Polster fordert
Wer an bestimmten Stellen sich kratzt
Wird aus der Stube der Guten beordert.

Wen ein gelungener Hintern entzückt
Was sind dem die frühesten Metten?
Wer sich so tief zum Irdischen bückt
Der ist schon nicht mehr zu retten.

Und ein Stück Fleisch und ein Dach überm Kopf
Ist der Mensch etwa dazu geboren?

Gutes Leben? Dem niedrigen Tropf
Wird vom Himmel Rache geschworen.

Schon ein Lächeln kann mißliebig sein
Ein Gelächter ist immer verdächtig!
Wer nicht nach Sternen langt, ist ein Schwein
Wer da lacht, der ist niederträchtig.

Ich bin der Gott der Niedrigkeit
Der Gaumen und der Hoden
Denn das Glück liegt nun einmal, tut mir leid
Ziemlich niedrig am Boden.

SIEBENTES LIED DES GLÜCKSGOTTS [II]

Freunde, wenn ich die Würfel euch werf
Kommt es, daß ich schaudre
Denn der Schlechte braucht nur Nerv
Aber Glück braucht der Lautre.

Und, wie's so ist, bei meinem Beruf
Heißt es, sich beeilen
Streckt eure Hände aus: in einen Huf
Kann ich nichts austeilen.

Bei meinem trüglichen Augenlicht
Hab ich oft dem Falschen gespendet
Wein und Weißbrot und Fleischgericht
War an den Kerl verschwendet.

Racker mich ab, bis ich keuch und schwitz
Und kann ihn nicht glücklich machen
Sorg für den allergepfeffertsten Witz
Aber er kann nicht lachen.

Unter uns, ich nehm gern Partei
Für die unruhigen Geister
Schenk ihnen grinsend ein fauliges Ei
Und find dann meinen Meister.

Ach, ich liefre fürs Leben gern
Ein Schiff und nicht nur einen Hafen.
Freunde, duldet nicht nur keinen Herrn
Sondern auch keinen Sklaven.

Freunde, dann mach ich aus Mühsal euch Spaß
Und kleidsame Narben aus Wunden.
Ja, die Unverschämten, das
Sind meine liebsten Kunden.

Freunde, ich bin ein billiger Gott
Und es gibt so viel teure.
Opfert ihr ihnen die Traube vom Pott
Opfert ihr mir nur die Säure.

ELFTES LIED DES GLÜCKSGOTTS

Als die Frau schrie unter der Axt
Als der Mann am Holz schrie
War es auf meinen, des Glücksgotts Rat.

Seid Künstler, Sterbende!
Mit dem äschileischen Schrei
Glückt es vielleicht.

ICH BIN DER GLÜCKSGOTT

Ich bin der Glücksgott, sammelnd um mich Ketzer
Auf Glück bedacht in diesem Jammertal.
Ein Agitator, Schmutzaufwirbler, Hetzer
Und hiemit – macht die Tür zu – illegal.

ICH BIN DER SCHUTZGOTT DER PFLÜGER UND SÄER

Ich bin der Schutzgott der Pflüger und Säer
Der Lehrer der Pflücker, der Lehrer der Mäher:
Die schäumende Milch, das duftende Brot
Traube und Birne war's, was ich bot.

LEHRGEDICHT VON DER NATUR DER MENSCHEN
(Fragment)

Aus dem ersten Gesang

Wenn wir hier nun im Gedicht die Natur der Menschen
betrachten
Wie der Lukrez die Natur der Dinge im Gedicht
betrachtete
Ist's, weil uns grad so wie ihm nur zu ahnen vergönnt ist, nur
Dämmriges

*

Während so der Dinge Natur ihren Schrecken verloren
Als sie den Ruf der Unänderbarkeit verlor und die Menschen

*

Dieses Natürliche, die Arbeit, das, was
Erst den Menschen zur Naturkraft macht, die Arbeit
Dieses wie schwimmen im Wasser, dieses wie essen das
Fleisch
Dieses wie begatten, dieses wie singen
Es geriet in Verruf durch lange Jahrhunderte und
Zu unserer Zeit.

Der da das Steuer umdrehte mit Mühe gegen die Gewalt
der Woge

Anspannend zum Bersten den Muskel, er
Drehte ein Ruder zwar, aber wie einen Pflock drehte er's
Wie ein hölzernes Kreuz, das vielleicht eine Mühle trieb
Oder vielleicht einen Eimer holte vom Quellgrund
Oder vielleicht nichts betrieb. Der Steuerer sah nicht
Wie das Schiff sich umlegte unter dem Druck seiner Arme.
Nicht sein Plan war's, die neue Richtung sich zu
erzwingen. Zwischen
Seinem Werk und dem Ziel seines Werks standen andere
Pläne
Unbekannte. Er aber plante nur
Satt zu essen vor der Nachtruhe.

Der seinen Muskel vermietete für fremdes Werk
Entäußerte sich sogar seiner Arme: fremd
Schaute er auf sie, zögernd spannte er sie an, hielten sie
auch noch?
Ach, wenn sie erschlafften: er war verloren! Seine Ernährer
Ließen nach! Sie, die er nährte zugleich!

Nicht mehr plante er, der Schweißübergossene
Als der Zweig plant, der im Wind sich umdreht
Oder das Schöpfrad, das in das Wasser fällt, so daß es
Sinken muß.

Zum ersten Gesang gehörig

Nicht von Erscheinungen schlechthin noch Anschauung
sei hier die Rede
Nicht vom Wesen der Dinge und nicht, wie alles sich
zuträgt

So erzählt, daß der Schauende eins sich fühle mit allem
Alles begreife und billige alles und bleibe der gleiche
Allseits begriffene, allseits gebilligte – nein, dieses Schildern
Werde als müßig erkannt; ja schädlich, enthüllt es auch
Wahrheit!
Denn nicht nur, was einer sagt, sondern auch, warum und
zu welchem
Ende er's sagt, sei geprüft, denn die Wahrheit, Genossen,
genügt nicht!
Immer mengt der Betrüger mit Wahrheit die schmutzige
Rede.
Freilich, der sicher am Ofen sitzt und sich von fernen
Geschehen
Gerne erzählen läßt, der ist mit allem Erfahrnem
zufrieden
Denn was ändert schon ihm der Bericht die Folge der
Speisen?
Aber hat er auch alles gesagt und: wer ist es, der redet
Fragt der morgen den Weg ziehen muß, den der andere
berichtet.
Flut gibt's und Ebbe dort, gut! Aber wann ist die Flut,
wann die Ebbe?
Und: kommt beir Ebbe man durch, vielleicht geht es
doch bei der Flut auch?
Unabänderlich scheint dem Augenzeugen das Unglück
Und er betont das Schicksalshafte: jedoch der den gleichen
Weg zu gehen hat, dem ist mit solchem Gered nichts
geholfen
Der will wissen: wie kann ich vermeiden, was jene
vernichtet?

ÜBER DAS BEGREIFEN DES VORHANDENEN

1

Als es aber dann galt, das Vorhandene ganz zu begreifen
Suchte man nach Gesetzen, die das Vorhandene erklärten
Damit es klar sei, wieso und auf welche Weise
Das, was vorhanden war, so wie es war, zustande
gekommen.

Aber als man so das Vorhandene begriff und jene Gesetze
Ausfindig machte und sie aufstellte in Wörtern
Zeigte es sich, daß alles Begreifen zu wenig war.
Freilich war es wichtig zu sehen, wieso das so war, wie
das war

*

Wenn sie so jammern, das Leben werd ihnen geraubt, dann
gedenken
Diese des Raubs, der an ihnen verübt und den sie verübten
Denn auch das Leben, das ihnen geraubt wird, war ein
geraubtes.
Ach, es entreißen den Fisch, den der Fischer dem Meer
entriß, gierig
Wieder dem Fischer die Händler, aber das Weib, das den
Fisch bäckt
Ungern nur gießt sie das Öl in die Pfanne, mit schmerzlichen
Blicken
Auf den schwindenden Vorrat. O Furcht, ohne Öl zu
sein! Schrecken
Nichts mehr zu haben und nichts zu bekommen! Entsetzen,
beraubt sein!
Keine Gewalttat scheuten die Väter. Mit Mühe nur halten

Und indem sie Verbrechen begehn, die Erben das Erbteil.
Ängstlich verbirgt dort der Färber sein kostbar Rezept
vor dem Kunden
Was, wenn's bekannt würd? Und dort in der Runde der
bechernden Künstler
Beißt sich ein Dichter die Zung ab: er hat einen Einfall
verraten!
Schmeichelnd listet der Mann hinterm Strauchwerk dem
Mädchen den Beischlaf ab
Opfer entlockt der Priester der hungernden Pächterfamilie
Und es bemächtigt der Arzt sich des Leibschadens als
eines Geldquells.
Wer könnt in solcher Welt den Gedanken des Todes ertragen?
Zwischen »Laß los!« und »Ich halt's!« bewegt sich das
Leben und beiden
Dem der da hält und dem der entreißt, krümmt die Hand
sich zur Klaue.

*

Da sie aber bedrückt sind vom Kapitalismus
Sind sie gegen ihn, so wie man gegen einen Feind ist
Den man flieht oder angreift, um ihn zu töten.
Das aber genügt nicht.
Denn es gelingt nicht, ihn oder sich zu entfernen.
Und er ist nicht nur schädlich, sondern auch nützlich.
Sie aber stellen sich vor, sie seien den falschen
Weg gegangen und jetzt sei es möglich
Umzukehren und richtig zu gehen in anderer Richtung.
Solches glaubend, verraten sie ihren Glauben
Unänderbare zu sein, zu allen Zeiten dieselben
Unabhängig von ihrem Tun gehorchend der inneren Stimme
So daß sie also umkehren könnten, wie's ihnen beliebte
Neue Wege zu gehen, selber die alten.

Aber zurückgehend, gingen sie doch nicht dieselben
zurück
Sondern andere stellten sich ein an der alten Stelle
Von der der Irrweg abging dereinst, nämlich solche
Die einen Irrweg gingen und umkehrten eben.
Und auch die Stelle wär anders geworden inzwischen.

*

Denn der Korn und Zinsen tragende Acker
Hat die Menschen verändert. Zumindest ihnen
Ist er nicht derselbe geblieben.

Auch war die Art, die Industrie aufzubauen doch nicht
Einfach die falsche, sondern die wirkliche. Diese Maschinen
Wurden gebaut und betrieben so, wie es möglich war.
Wer das Wild verspeist, billige doch auch die Jagd noch.
Und wer den Rock anzieht, billigt den Rock und zumindest
Das was unvermeidlich war, ihn zu weben. Aber woher
kommt
Diese Vorstellung: falsch und richtig? Diese
Sehen vor sich den Herrn, der einen Befehl erläßt
Und der falsch ist oder richtig, und ist er
Falsch, dann schadet er, und erkennt der Herr dies
Nimmt er ihn vielleicht zurück, wenn es nicht die Ehre
verbietet.
So erscheint diesen der Aufbau der Welt durch die
Menschen
Als eine Folge von guten und schlechten Befehlen
Eingetroffener oder ausgebliebner Ideen.
Aber in Wirklichkeit waren die Herrn nicht so herrlich.

*

Als nun aber die immer fortschreitende Menschheit
derartig
Wie es die Klassiker zeigen, in jenen Zustand geraten war
Wo jeder Fortschritt nunmehr und jede neue Erfindung
Ehern die Menschen in immer tiefere Entmenschung
hineintrieb
Fing auch die Sprache an, rasch zu verkommen und jede
Verständigung
Wurde unmöglich

ÜBER UNGLEICHHEIT. SCHWIERIG, SIE ZU ENTDECKEN

Freilich, die besseren Leute sind nur die gebesserten. Früh
schon
Werden da Kinder gebettet in luftige Zimmer, die Ammen
Füttern sie sorglich mit passenden Speisen, die
Körperchen waschen
Sie nach den Regeln der Kunst, bald mit lauem, bald
kälterem Wasser.
Kleine Athleten erziehen sie so. Doch den Kindern der
Armen
Stopfen ermüdete Mütter ins Mäulchen was immer
erschwinglich
Langen den Schreienden müde den Bierkrug, sie schlafen
zu machen
Oder sie schicken sie, größer geworden, in finstere Höfe.
Dorten dann wachsen sie auf mit den anderen
Schattengewächsen.
Und wie ihr Körperchen vernachlässigt wird, so geschieht's
mit dem Geist auch.
Billige Nahrung und billige Schuhe und billiges Wissen

*

Da sie nun glauben, der Gedanke allein könne sie einen
Einig gedacht, seien sie einig auch schon in Wirklichkeit,
was da
Sie auch noch trenne in Wirklichkeit – glauben sie dann
auch:
Nur der Gedanke spalte sie, nichts sonst. In den Gehirnen
Und sonst nirgend seien die Menschen uneinig, die Völker
gespalten.
Also müsse man, sie zu einen, nur den Gedanken
bekämpfen
Daß sie uneinig seien, nämlich durch Interessen verschieden
Nicht aber müsse man etwa die Interessen vereinen!

*

Gleichermaßen gefährlich und nützlich ist auch das
Machen
Einleuchtender Bilder. Da wird der Kosmos gebildet.
Nebeneinander liegen, einander bedingend, die Dinge
Vielerlei dient dazu, ein Alles ahnbar zu machen
Der nachschaffende Geist genießt die Genüsse des
Schaffens
Alles scheint ihm geordnet, da *er* es geordnet. So manches
Was nicht hineinpaßt, läßt er heraußen und nennt es »das
Wenige«.
Oder es wird die Geschichte gebildet. Vor aller Augen
Lösen die Situationen einander ab. Nur wenige immer
Wiederkehrende Grundgesetze regeln die Vorgänge.
Solche Bilder sind nützlich, solange sie nützen. Nicht
länger.
Nur im Kampf mit andern Bildern, nicht mehr so
nutzbaren
Aber einstmals auch nützlichen, bringen sie Nutzen.
Kämpfend nämlich mit neuen Lagen, niemals erfahrenen

Kämpfen die Menschen zugleich mit den alten Bildern
und machen
Neue Bilder, das nunmehr möglich Gewordene
Auszuzeichnen, das Unhaltbare verschwunden
Schon beseitigt zu zeigen. In großen Modellen
Zeigen sie so sich selbst das schwer vorstellbare Neue
Schon funktionierend. Da nun diese neuen Modelle
Meist aus den alten gemacht, den vorhandenen gebildet
Werden, scheinen die falsch, doch sie sind's nicht. Sie
wurden's.

Aus dem vierten Gesang

ÜBER DIE GEISTIGE UND MATERIELLE KULTUR

In den Schulen wird es gelehrt und es steht in den
Büchern
Daß es ein anderes sei, nach geistigen Gütern zu streben
Und ein andres, nach weltlichen. Frühe, so lautet die
Lehre
Muß sich der Jüngling entscheiden, was also er will, ein
geistiges
Oder ein weltliches Leben, denn beide seien nicht zu
vereinen.
Und es stehe das geistige hoch und das weltliche niedrig.
So wird Kultur und Bildung als unabhängig geschildert
Von der Materie und von dem Genuß der Materie, ja
feindlich
Stellt sich der Körper angeblich dem Geiste entgegen und
fordert
Alles, was jenen beschädigt, die groben Genüsse der Sinne.

DIE APOKALYPTISCHEN REITER

Osther kommt eine Mär: Die apokalyptischen Reiter
Hatten ihr Feuer geworfen, es brannten Dörfer und Städte
Und sie kamen zur oder bei Nachtfall. Unten im Flußgries
Schickten die Blutigen sich, die ermatteten Gäule zu
tränken.
(Älteren Zeiten verschrieben, ritten sie selber noch Gäule.)
Aber die Tiere bogen die Hälse weg: allzu viel Totes
Schwamm da herunter. Fluchend standen sie, da, von der
Böschung
Winkte ein Weiblein ihnen und führte sie schwankenden
Ganges
Ob von Feuer verwirrt, ob schwach in den Knien von
verjährtem
Hunger, schwankenden Ganges, sag ich, führte sie, sag ich
Zwischen zerschossene Hütten des einstigen Dorfes zu
ihrer
Eignen zerschossenen Hütte. Schweigend wies sie den
Brunnen.
Winzig stand sie im wechselnden Schein des geröteten
Himmels
Saufen sah sie die Gäule das frische und reinliche Wasser.
Erst, als die Blutigen wieder im Sattel, tat sie den Mund
auf:
»Vorwärts!« sagte sie laut mit des Alters dünnerer
Stimme
»Vorwärts!« sagte sie drängend. »Reitet weiter, ihr
Lieben!«

Zum vierten Gesang gehörig

Viele sprachen vom Krieg wie von Ungewitter und
Meerflut
Nannten ihn Feuersbrunst, alles zerstörend! Oder auch
reinigend!
Je nach Art und Erziehung das eine oder das andere
Auch nach Leiden verschieden: nicht alle erlitten dasselbe.
Aber sie sprachen vom Krieg, wie man sonst nur von der
Natur spricht.
Denn aus dem Wesen der Menschen erklärten sie das
Geschehnis.
Kriegerisch war der Mensch und auf die Zerstörung
gerichtet
Schon von Natur aus und durchbrach diese Gesinnung
Ob auch geordnete Zeiten den Geist der Zerstörung
befriedeten!
Als nun der Krieg aus war und heimkehrten die
Übriggebliebenen
Hörte man viele, die einst gleichgültig oder begeistert
Ausgezogen waren, mit Zorn vom Krieg erzählen.
Niemals, schworen sie, würde man sie aus den Häusern
Wieder herausbringen mit den fröhlich schmetternden
Märschen
Nun, so sagten sie zornig, wäre durchschaut dieser
Schwindel
Und es fehlte manchem, sich an die Stirne zu schlagen
Nur die Hand: sie lag verfault in der feindlichen Erde.

Also waren sie doch belehrt, also doch nicht unänderbar?
Also war der Krieg nun verfemt? Also kam er nie wieder?
Da nun doch das Wesen der Menschen ein anderes war

Das ihn erzeugt und ermöglicht, so mußt er jetzt doch
überwunden sein?
Ach, der Rock war noch nicht vermodert im Schrank, den
sie zornig einst
Sich von den Leibern gerissen für immer, als sie schon wieder
Über neue Kriege berieten, und wer schon verkalkt war
Sprach mit den Jungen vom Krieg und lobte ihn
leuchtenden Auges.
Und so kurz war die Zeit zwischen Schimpfen und
Loben, daß in ihr
Nicht ein Birnbaum hätte zur Reife heranwachsen können.

Also sind die Kriege doch ewig? Also die Menschen
Doch von Natur von so kriegerisch wildem Geiste, daß
immer
Wieder durchbricht dieser Wahnsinn? Da ist es vielleicht
gar kein Wahnsinn?
Wenn doch der Krieg nur abhängt vom Geist und der
Geist ist so wandelbar

BERICHT VON EINEM HUNDERTJÄHRIGEN KRIEG I

In jenes hundertjährigen Krieges erstem Jahr
War noch die Rede von blutigen Schlachten größten
Ausmaßes
Die ihn beenden würden. Die Schlachten
Haben stattgefunden, aber der Krieg
Wurde nicht beendigt.

BERICHT VON EINEM HUNDERTJÄHRIGEN KRIEG 2

Nicht mehr wie ein Erdbeben erschien der Krieg
Nicht mehr wie ein Taifun, sondern
Wie ein Sonnenaufgang. Wie man Brot backte
So führte man Krieg.

Mit der Regelmäßigkeit der Gezeiten
Kamen die eisernen Todesvögel am Himmel herauf.
Jedermann
Erwartete sie. Wie dereinst die wilde See
Unsere schwachen Boote verschlang, auf denen das Brot
kam
So hinderten sie nun Panzerschiffe
In unsere Häfen zu kommen.

INTERVENTION

An diesem Morgen, vor dem Geschützstand
Erschienen uns neben dem erschossenen Baum
Drei alte Frauen. Sie standen
Einen Meter über dem Erdboden in der Dämmerung
Und sagten: Schießt nicht! Dort drüben
Liegen unsere Söhne. Gebt lieber
Eure Socken her, daß wir sie stopfen.
Nehmt doch die Stahlhelme ab, damit wir sehen
Ob eure Ohren rein sind. Und eine
Hatte ein Weißbrot gebracht und verlangte
Ein Messer von uns, und da gerade
Begann die Schlacht.

ÜBER DEN FRIEDEN

1

Viele in unserer Zeit, entsetzt über Greuel des Krieges
Wenden sich heftig und klagend gegen den »kriegerischen
Geist« jetzt.
Denn aus solchem Geiste sehen den Krieg sie entspringen
Und ihn bekämpfend vermeinen den Krieg sie zu treffen.
Aber die Kriege entstehen nicht aus kriegerischem Geiste.

2

Freilich, es gibt Liebhaber der Kriege, Fachleute für
Kriege, Handwerker
Leidenschaftlich geneigt diesem Handwerk mit goldenem
Boden.
Diesen gesellt der Friedliche meistens sehr schnell jene Leute
Die den Krieg als nur unvermeidlich erklären
Und ihn keineswegs lieben. Sie nennen ihn Fortführung
Ihrer Politik mit anderen Mitteln

*

So auch der tapfere Mensch ist nicht ganz tapfer: manchmal
versagt er.
In ihm lebt Feigheit und Mut und der Mut triumphiert, doch
nicht immer.
Und wenn er einmal versagt, dann listet ihn nicht bei den
Feigen.
So auch die liebende Frau; sie mag treu sein, doch, ist sie's
nicht immer

Listet sie nicht bei den Fälligen gleich, denn oftmals
bewährt sie sich.
Freilich, es wechseln mitunter die Kämpfer hinüber zu
schreienden
Kopflosen Memmen und finden für lang ihren einstigen
Mut nicht mehr
So wie mitunter die Zaghaften, plötzlich vom Zorne des
Volks erfaßt
Heldentaten verrichten und selbst, wenn der Zorn dann
verraucht ist
Nie mehr gänzlich zurück in die einstige Zagheit verfallen.

Wenn ihr nun fragt, wie du selbst dich selber, den Feigen
und Tapferen
Oftmals sich Wandelnden, nie ganz Bekannten, verändernd
behandeln kannst
Daß deiner Klasse Geschichtsschreiber dich mit Achtung
beschreiben mag
Rat ich dir, selber im Geist deinem Lebenslauf sorgsam zu
folgen
Als ob du, handelnd, zugleich mit Sorgfalt deinen Rekord
schriebst
Für deine Klasse bestimmt, mit Wahrheitsliebe
beschreibend
Was du nun eben tust oder nicht tust

*

Denk nicht: es sah dich nicht, der dies schrieb: dich am
Grunde des Schachtes
Über die Hacke gebückt mit dem schmerzenden Rücken! Dich
Ärmeren
Der du noch jenen beneidest, die eisigen Straßen durch-
laufend

Bis sich der Mensch, mit dem du dein Bett teilst, erhebt
und, müde noch, weggeht
Denk nicht, es sah dich nicht, der dir dies schrieb, als er
schrieb, als er solches
Weit Entferntes besprach, so Schwieriges, so nur Gedachtes
So als hätte er Jahre noch Zeit, um zu Ende zu denken
Du aber hast nur mehr Stunden, und wenn jetzt die Kälte
noch zunimmt
Kann dir bald keiner mehr sagen, was tun, um dem Tod
zu entrinnen.
Wärme ist's, was du brauchst, und Brot und schnell
brauchst du's und von allen
Lehren der Welt nur die, wie du schnell bekommst, was
dir mangelt.
Und jetzt erfährst du als erstes: verbanne zuvörderst die
Schnelligkeit
Ganz aus dem Kopf!
Wo die Not am größten, ist die Hilfe am fernsten.
Ebenso kalt wie der Wind ist die Lehre ihm zu entgehen
Ebenso dürftig wie deine Nahrung der Rat sie endlich zu
mehren.
Also gibt dich der Lehrende auf? Also meint er dich nicht mehr
Weiter sprechend und dich übergehend, der du doch
Eile hast und schnell etwas brauchst? Und spricht so, als
brauchtest du
Nichts oder wenig oder vor allem nicht gleich etwas?

DAS MANIFEST

Kriege zertrümmern die Welt und im Trümmerfeld geht
ein Gespenst um.
Nicht geboren im Krieg, auch im Frieden gesichtet, seit lange.
Schrecklich den Herrschenden, aber den Kindern der
Vorstädte freundlich.
Lugend in ärmlicher Küche kopfschüttelnd in halbleere
Speisen.
Abpassend dann die Erschöpften am Gatter der Gruben und
Werften.
Freunde besuchend im Kerker, passierend dort ohne
Passierschein.
Selbst in Kontoren gesehn, selbst gehört in den Hörsälen,
zeitweis
Riesige Tanks besteigend und fliegend in tödlichen Bombern.
Redend in vielerlei Sprachen, in allen. Und schweigend in
vielen.
Ehrengast in den Elendsquartieren und Furcht der Paläste
Ewig zu bleiben gekommen: sein Name ist Kommunismus.

Viel davon hörtet ihr. Dies aber ist, was die Klassiker sagen.
Lest ihr Geschichte, so lest ihr von Taten enormer Personen;
Ihrem Gestirn, sich erhebend und fallend; vom Zug ihrer
Heere;
Oder von Glanz und Zerstörung der Reiche. Den
Klassikern aber
Ist die Geschichte zuvörderst Geschichte der Kämpfe der
Klassen.
Denn sie sehen in Klassen geteilt und kämpfend die Völker
In ihrem Innern. Patrizier und Ritter, Plebejer und Sklaven
Adlige, Bauern und Handwerker, heut Proletarier und
Bourgeois

Halten sie jeweils den riesigen Haushalt im Gang, der
Erzeugung
Und der Verteilung der Güter, der lebensnotwendigen,
immer doch
Kämpfend dabei den Kampf bis aufs Messer, den um die
Herrschaft.
Mitkämpfend fügen die großen umstürzenden Lehrer des
Volkes
Zu der Geschichte der herrschenden Klassen die der
beherrschten.

Zwar, es handeln die jeweils herrschenden Klassen nach ihren
Sehr unterschiedlichen Weisen, Patrizier nicht wie Barone
Bürger der frühen nicht wie Bürger der neuen Städte –
Hier eine Klasse vor allem den großen Despoten benutzend
Dort die despotische Vielfalt der Kammern, und eine den
Vorteil
Suchend durch blutige Kriege, und eine gemach durch
Verträge –
So ihrer Zeit ihre Siegel aufdrückend, doch alles geschieht nur
Wie es die Art ihrer Herrschaft ermöglicht und immer in
Kämpfen
Mit den Beherrschten. So toben im Rücken gewaltiger Kriege
Volk gegen Volk, noch andere Kriege, beschattend die einen.
Deutsche bekriegen Franzosen, doch Städte, dem Kaiser
verbündet
Kämpfen in Deutschland dieweil mit den Fürsten. In älteren
Zeiten
Kämpfen Patrizier und Ritter in Rom mit Plebejern,
dieweilen
Römische Heere den fernen und eisigen Pontus bestürmen.

Burgfrieden gab es zuweilen. Die Klassen kämpften verbündet
Gegen den äußeren Feind und stellten den eigenen Kampf ein;
Doch den von beiden erfochtenen Sieg gewann dann nur eine:

Siegreich kommt eine zurück und die andere läutet die Glocken
Kocht ihr den Siegesschmaus und baut ihr die Säule des Sieges.
Tiefer nämlich und dauernder ist als der Krieg noch der Völker
Den die Geschichtsschreiber schwatzhaft berichten, der
Kampf doch der Klassen
Offen gekämpft und versteckt und geführt um die eigenen
Städte
Nicht die des Feinds, jener Kampf der Beherrschten mit
ihren Beherrschern
Endigend nur mit dem völligen Umsturz des Baus der
Gesellschaft
Oder der kämpfenden Klassen gemeinsamem Sturz in das
Chaos.

So nun geschah es, daß unsre Epoche entstand, die des Bürgers:
Leibeigne wurden zu Pfahlbürgern. Hinter den
sturmsichern Pfählen
Blühen die Zünfte auf. Doch die Mauern halten das Tuch nicht
Und es erwecket der Handel das schlummernde Dorf. An
der Küste
Bauen die Seestädte Schiffe, die neue Gestade erreichen
Afrika fleißig umsegeln und tapfer Amerika angehn.
Und der ostindische Markt, der chinesische Markt und
Amerikas
Kolonisierung, die Häufung der Gelder und Waren
beschwingen
Handel und Schiffahrt und Industrie und mächtig heraustritt
Aus der feudalen Gesellschaft der neue Beherrscher, der
Bürger.

Manufaktur überflügelt das Handwerk. Lange noch hängen
Goldener Schlüssel und Spindel am Haus, doch den
Meistern der Zünfte
Bleibt nicht viel zu meistern. Viele, sitzen sie nunmehr
Eng aneinander gereiht in der einen, größeren Werkstatt.

Immer noch wachsen die Märkte. Da wälzen Dampf und
Maschine
Neuerdings alles um und den Manufakturherrn verdrängt der
Große Industrielle, Arbeitergebieter und Geldmann
Unser moderner Bourgeois. Ausführlich zeigen die Lehrer
Wie das maschinisierte große Gewerbe den Weltmarkt
Schuf und der Weltmarkt wieder das große Gewerbe
beschwingte
Bis die große Gewerbetreibende mächtig hervortrat
Und die Bourgeoisie im Staat erkämpfte den Vorrang.
Unsere Staatsgewalt ist nur ein williger Ausschuß
Der die verzweigten Geschäfte der Bourgeoisie verwaltet.

Und sie erwies sich als harte und sehr ungeduldige Herrin.
Eisernen Trittes zerstampfte die Bourgeoisie all die alten
Patriarchalischen stillen Idylle, zerriß die feudalen
Buntscheckig ewigen Bande, geknüpft zwischen Schützling
und Schutzherrn
Duldend kein anderes Band zwischen Menschen als nacktes
Int'resse
Und die gefühllose Barzahlung. Ritterlichkeit eines Herrn und
Treues Gesinde und Liebe zum Boden und ehrliches Handwerk
Dienst an der Sache und innre Berufung bespritzte sie mit dem
Eisigen Strahl der Berechnung. Persönliche Würde
verramscht sie
Grob in den Tauschwert und setzt an die Stelle der vielen
verbrieften
Wohlerworbenen Freiheiten nur die Freiheit des Handels.
Kurz, an die Stelle natürlicher Ausbeutung, inniger,
frommer
Ausbeutung setzt sie nunmehr die offene, schamlose, dürre.
Priester und Richter und Arzt und Dichter und Forscher,
mit frommer
Scheu doch betrachtet dereinst, macht sie grinsend zu ihren
bezahlten

Lohnarbeitern; beherrschend die Körper, beherrscht sie die
Geister.
Kaltblütig führt sie den leidenden Menschen dem Arzt vor
als Kunden
Den er für Geld repariert, und der Priester verkauft seinen
Zuspruch.
Stundenweis teilt ihr der Richter, der Wächter des
Eigentums, Recht aus.
Was ihr Erfinder für Pflüge erdachte, ihr Händler verkauft es
Dort für Kanonen. Und was hat der Künstler zu tun für sein
Essen?
Schön porträtiert er das Antlitz der Bourgeoisie mit dem
adelnden Pinsel
Kundig des Kunstgriffs massieret der Dame erschlafftes
Gemüt er.
So denn verwandelt er die Bourgeoisie in ihre bezahlten
Kopflanger alle die Dichter und Denker. Den Tempel des
Wissens
Macht sie zur Börse und selbst der Familie geheiligte Stätte
Macht sie zum Tummelplatz des höchst unheiligen Schachers.

Aber was sind Pyramiden uns noch und Roms Aquädukte
Kölns Kathedrale, die Völkerwanderung, was ist ein
Kreuzzug
Uns, die wir Bauten gesehen und Züge, gigantisch wie diese
Alles umstürzende Klasse vollführte, die immer und üb'rall
Atemlos umwälzt was selbst sie geschaffen? Sie lebt nur
durch Umsturz.
Umsturz der Maschinerie und der Weise, in der produziert
wird
Also des Baus der Gesellschaft, all ihrer lebenden Teile.
Immer doch war die Behaltung der Weise, in der produziert
wird
Sorge der herrschenden Klassen gewesen, die war die
erste

Welche die Umwälzung selbst zur ständigen Einrichtung
machte
Ihre Gebäude errichtend auf ewig bebender Erde.
Fürchtend nichts als den Rost und das Moos, vergewaltigt
sie täglich
Jede Gewalt der Verhältnisse, alle gefestigte Sitte.
Alles Ständische fällt sie und alles Geweihte entweiht sie.
Und es stehen die Menschen entsichert auf rollendem Boden
Endlich gezwungen, mit nüchternen Augen ihr Dasein zu
sichten.

Aber dies alles geschieht nicht in einem Land oder zweien
Denn der unstillbare Drang nach dem Absatz der
schwellenden Waren
Jagt unsre Bourgeoisie ohne Unterlaß über die ganze
Erdkugel hin wie im Taumel. Überall muß sie sich anbaun
Überall einnisten, überall knüpfen die klebrigen Fäden.
Kosmopolitisch so macht sie Verbrauch und Herstellung der
Güter.
Einheimisch alte Gewerbe zerstört sie und holt sich den
Rohstoff
Aus den entlegensten Ländern und ihre Fabriken bedienen
Nöte und Launen, erzeugt durch die Klimate andrer
Regionen.
Hoch in den Wolken den Bergpaß erklimmen die fiebrigen
Waren
Uralte Schlagbäume drücken sie ein und ihr Paßwort ist:
billig.
Ballen Kattun schießen Breschen in alle chinesischen
Mauern.
Allseitig abhängig werden die Völker. Auch geistige Güter
Werden Gemeingut. Die Wissenschaft baut ein
gemeinsames Weltbild
Und zur Weltdichtung wird die Dichtung der einzelnen
Völker.

Keuchend schleppt aus dem Innern fremdländischer
Schiffe der Neger
Niegesehne Produkte und schwitzend dahinter die fremde
Neue Erzeugerin selbst, die Maschine. Und so den Barbaren
Zivilisiert der Bourgeois, indem er ihn selbst zum Bourgeois
macht.
Nach ihrem eigenen Bild schafft die Bourgeoisie eine Welt sich.

Und so beherrschen die Städte das Land und sie wachsen
zu Riesen
Mehr und mehr Volk entreißend dem Stumpfsinn ländlichen
Lebens.
Und wie die Städte das Land, so beherrschen die
Bourgeoisnationen
Füglich die Bauernnationen, der zivilisierte Mensch zügelt
Halbbarbar und Barbar und der Okzident leitet den Orient.

Maschinerie und Besitz und Bevölkerung, vordem
zersplittert
Schließen zu großen Gebilden sich: pausenlos häuft sich das
Werkzeug
Sammelt das Eigentum sich in einigen wenigen Händen
Ballt die Bevölkerung sich zu großen erzeugenden Zentren.
Neue politische Felder entstehn: die losen Provinzen
Eigens regiert, mit eigenem Recht und mit eigenen Zöllen
Werden zusammengedrängt nun in eine Nation, mit dem
einen
Nationalen Belang, einem Recht und einer Regierung.

Niemals zuvor ward entfesselt ein solcher Rausch der
Erzeugung
Wie ihn die Bougeoisie in der Zeit ihrer Herrschaft
entfacht hat
Die die Natur unterwarf, die elektrische schuf und die
Dampf-Kraft

Schiffbar machte die Ströme und riesige Weltteile urbar.
Nie zuvor hat die Menschheit geahnt, daß schlummernd im Schoß ihr
Solche Befreiungen waren und solche erzeugenden Kräfte.

So aber hat es sich abgespielt: Hochofen, Webstuhl und Dampfkraft
Wälzte die Manufaktur um, und Zunftwesen nun und feudales
Eigentum wurden zu Fesseln der großen Erzeugung der Güter
Und es erhob sich die Bourgeoisie und sprengte die Fesseln.
Freiheit des Wettbewerbs formte den Staatsbau der Bourgeoisklasse.

So also seht ihr, wie hurrikangleich Produktivkräfte aufstehn
Und Produktionsweisen, alte, für ewig gehaltne, zertrümmern
Und wie mit Ungestüm die gestern noch dienenden Klassen
Jeden Besitzbrief zerreißen und lachen gealterten Vorrechts.

Auch der Gedanken Flug folgt solchen Stürmen; sie zwingen Gedanken
Nieder zum Grund oder schwenken sie mächtig in andere Flugbahn.
Recht ist nicht Recht mehr, Weisheit nicht weise, alles ist anders.
Heilige Tempel, die tausend Frühlingen trotzten, zerfallen
Lautlos in Staub über Nacht, vom Tritt der Sieger erschüttert
Und in den stehengebliebenen wechseln die Götter ihr Antlitz;
Wundersam gleichen die alten jetzt plötzlich den jetzigen Herrschern.
Große Verändrung wirken neue erzeugende Kräfte.

Tödlich herauf gegen sich, die zur Herrschaft von Stürmen
getragen
Sieht nun die Bourgeoisie die gewaltsamen Stürme sich
sammeln.

Als diese Klasse mit neuem Besitzbrief nämlich und
Vorrecht
Nun erzeugende Kräfte, niemals erahnte, hervorgehext
hatte
Glich sie dem Zauberer, der die unterirdischen Mächte
Die er so heraufbeschworen, nicht zu bändigen wußte.
Stauwasser gleich, das die Saaten befruchtet, dann aber
nicht haltend
Ganz sie ersäuft, so bedrohn Produktivkräfte, immerfort
wachsend
Immerfort mehrend die Macht dieser Klasse, so weiter noch
wachsend
Sie mit dem völligen Untergang. Wie es die Klassiker zeigen.

Lange schon ist die Geschichte der Großindustrie und des
Handels
Nur die Geschichte des Aufruhrs der Güter erzeugenden
Kräfte
Gegen den Bourgeoisbesitz und die Bourgeoisart, Güter zu
schaffen.
Riesige Krisen, in zyklischer Wiederkehr, gleichend enormen
Sichtlos tappenden Händen, greifen und drosseln den
Handel
Schüttelnd in schweigender Wut Produktionsstätte, Märkte
und Heime.
Hunger von alters plagte die Welt, wenn die Kornkammer
leer war
Jetzt aber, keiner versteht es, hungern wir, wenn sie zu voll ist.
Nichts in der Speise mehr finden die Mütter, die Mäulchen
zu füllen

Und hinter Mauern, in turmhohen Speichern gehäuft, fault
das Korn weg.
Irgendwo türmt sich in Ballen das Tuch, aber frierend
durchzieht die
Lumpenverhüllte Familie, von heute auf morgen geworfen
Aus dem gemieteten Heim, die Wohnviertel ohne Bewohner.
Ach, der so rastlos gearbeitet, fluchend der Ausbeutung,
findet
Heute schon keinen mehr, der ihn noch ausbeutet; rastlos
durchquert er
Suchend nach Arbeit die Stadt. Der gigantische Bau der
Gesellschaft
Teuer, mit so vieler Mühe errichtet, von vielen
Geschlechtern
Sinkt in barbarische Vorzeit zurück. Und es ist nicht der
Mangel
Der da die Schuld trägt, Überfluß ist's, das Zuviel macht
ihn wanken.

Nicht zum Wohnen bestimmt ist das Haus, das Tuch nicht
zum Kleiden
Noch ist das Brot nur zum Essen bestimmt; Gewinn soll es
tragen.
Wenn das Erzeugnis jedoch nur gebraucht und nicht auch
gekauft wird
Weil der Lohn des Erzeugers zu klein ist – und macht man
ihn größer
Lohnt es nicht mehr, das Zeug erzeugen zu lassen –, wozu
dann noch Hände
Mieten? Sie müssen doch mehr an der Werkbank leisten als
eben
Nur ihren Mann und die Seinen nähren und kleiden und
hausen
Wenn da Profit sein soll; nur – wo dann hin mit der Ware?
Und also

Wolle und Weizen, Kaffee und Früchte und Fische und
Schweine
Alles ins Feuer geopfert, den Gott des Profits zu
erweichen!
Haufen von Maschinerie, das Werkzeug von
Arbeiterheeren
Schiffswerft und Wollkämmereien, Hochöfen, Sägewerke,
Gruben
Alles zerstückt und geopfert, den Gott des Profits zu
erweichen!
Freilich ihr Gott des Profits ist mit Blindheit geschlagen.
Die Opfer
Sieht er nicht. Er ist unwissend. Beratend die Gläubigen,
murmelt
Unverständliches er. Das Gesetz der Wirtschaft enthüllt
sich
Wie der Schwerkraft Gesetz, wenn über den Köpfen das
Haus uns
Krachend zusammenfällt. In Panik zerhackt unsre
Bourgeoisie so
Unübersehbare Haufen von Gütern und rast mit den Resten
verzweifelt
Über die Erdkugel hin nach neuen, gewaltigern Märkten
Gleichend dem Mann, der, die Pest fliehend, diese nur
mitnimmt und so den
Zufluchtsort auch noch verpestet: in neuen, gewaltigern
Krisen
Kommt sie entgeistert zu sich. Den Millionen der Arbeiter
aber
Die sie befehligt als riesige Heere und planlos herumtreibt
Jetzt in Schwitzbuden verpackt und dann aus den
Schwitzbuden wieder
Barsch auf die eisigen Straßen wirft, dämmert die Wahrheit,
sie raunen
Staunend sich's zu, daß der Bourgeoiswelt Tage gezählt sind

Da sie den Reichtum zu fassen noch, den sie erzeugt hat, zu eng wurd
Da sie, sich ständig vergrößernd, nur ständig ihr Elend vergrößert.

Gegen die Bourgeoisie aber richten sich jetzt die Waffen
Die sie so tödlich schwang, die feudale Welt zu zertrümmern –
Hat doch auch sie eine Klasse erzeugt, die die tödlichen Waffen
Gegen sie führt; seit Anbeginn nämlich, ihr dienend
Wuchs mit der Bourgeoisie auch das Proletariat der modernen
Arbeiter, lebend durch Arbeit, und Arbeit nur findend, solang sie
Arbeitend für den Bourgeois des Bourgeois Güter vermehren.
So wie der Kapitalist seine Ware verkauft, so verkauft denn
Auch der Prolet seine Ware, die Arbeitskraft; unterworfen
Darum dem Wettbewerb und der ewigen Schwankung des Marktes.
Zubehör nur der Maschine, verkauft er den einfachen Handgriff
Kostend nur, was sein Unterhalt kostet und als er benötigt
Fortzupflanzen und aufzuziehn seine nützliche Rasse
Da ja der Preis der Arbeitskraft wie der Preis jeder anderen
Ware entspricht dem Preis der Gestehung. Die winzige Werkstatt
Alten Handwerks wurde zur großen Fabrik und soldatisch befehligt
Arbeiten Arbeiter, Knechte des Bourgeoisstaats, aber auch Knechte
Eines bestimmten Bourgeois, seiner Aufseher und der Maschine.

Tausendfach aufgeteilt ist ihre Arbeit. Sie machen ihr Stückchen.
Tötend den Geist und ermüdend den Muskel verrinnen die Stunden.
Was noch der einstige Handwerker sah, das Produkt seiner Hände
Diese da sehen es nicht mehr, die Schuhe nicht, noch auch die Pflugschar
Die sie da machen; sie stehn und sie fronen und machen ihr Stückchen.
Geistloser wird ihre Arbeit, je geistvoller ihre Maschine
Aber sie wird auch nicht weniger: eiliger schwingen die Räder.
Stetig verwickelter wird die Maschine, der Handgriff wird leichter.
Billiger so wird die Arbeit und stärker der Wettbewerb. Schwitzend
Stehn an der Werkbank Frauen und Kinder. Geschlecht da und Alter
Zählen nicht mehr. Instrumente bloß noch und lebendige Hebel
Kosten sie freilich verschieden, je nach Geschlecht und nach Alter.

Haben sie aber dem Ausbeuter mehr als sie kosten gegeben
Sind in den sinkenden Händen die mageren Lohntüten, warten
Schon am Fabriktor auf sie die anderen Ausbeuterschwärme:
Über sie her fallen Pfandleiher, Hauswirte, Ärzte und Krämer.

Freilich vollzieht sich ein Höllensturz auch dieser mittleren Stände.
Kaufmann, Bauern und Handwerker sinken ins Proletariat ab
Teils weil ihr kleines Vermögen für neue Maschinen nicht ausreicht

Sei's weil Entwertung den Spargroschen auffrißt, und teils
weil die neuen
Fabrikationsweisen ihre Geschicklichkeit nicht mehr
erheischen.
Alle so sehn sich vertrieben aus Schreibstube, Werkstatt
und Scheuer
Früh oder spät, und sie werden Rekruten im Arbeiterheere.

Aber ohn Unterlaß zwischen dem Heer und den Führern
des Heeres
Tobte ein Krieg, zwischen Eignern des Werkzeugs und
Eignern der Hände
Und es entstand dieser Krieg der zwei Klassen mit ihrer
Entstehung.

Einzelne Arbeiter erst, dann die Arbeiter einer Fabrik und
Arbeiter dann eines örtlichen Arbeitszweigs stemmten sich
gegen
Ihre Bourgeois, sie zerstörten in blinder Erregung oft
fremde
Und konkurrierende Waren, zerschlugen Maschinen und
warfen
Feuer in ihre Fabriken, so von sich zu schütteln die neue
Tiefere Knechtschaft, zurückzuerobern die alte feudale
Aufzuhalten, erschöpft und verzweifelt und ohne Besinnung
Den sie doch selber geschmiedet, den eisernen Zeiger der
Weltuhr.

Noch sind verstreut übers Land die Proleten, noch sind sie
nicht einig.
Wettbewerb unter sich selber entzweit sie; sie werden
vereinigt
Erst, wenn die Bourgeoisie sich vereinigt und ausmacht, das
ganze
Proletariat in Bewegung zu setzen, und zwar gegen ihren

Klassenfeind. So, im Beginne bekämpft der Prolet nicht den eignen
Sondern den Feind seines Feindes: Monarchen und Junker und Gilde;
Noch nämlich flattert die alles versprechende Fahne des Fortschritts
Über der Bourgeoisie, und so jeglicher Sieg ist noch ihr Sieg.

Jeglicher Sieg aber festigt den Grund auch der anderen Klasse
Die sie zum Siegen braucht: es wachsen die Großindustrieen
Ballend das Proletariat zu immer gewaltigern Massen.
Mehr und mehr gleicht ein Prolet auch dem andern: wer findet die Welle
Noch in dem grauen, reißenden Strom? Was einzelne einmal
Kurz unterschied, ob Geschicktheit, ob Fleiß – die Maschine verwischt es.
Das wieder macht ihre Löhne gleich, die aber sinken durch Krisen
Oder versiegen ganz, wenn die Arbeit versiegt. Und dies alles
Peinigt sie alle. Wenn nunmehr Prolet und Bourgeois sich bekriegen
Kämpfen zwei Klassen. Die Arbeiter bilden jetzt Koalitionen
Die ihre Löhne verteidigen. Offene Kämpfe beginnen.

Dann und wann siegen die Arbeiter, doch nur für kurz dann. In dieser
Zeit geht die örtliche Schlacht oft verloren, zu der sie sich einten
Aber die Einheit bleibt. Und sie bleibt nicht lang örtlich. Die Örter
Neuerdings kommunizieren durch Eisenbahn und Telegraph, und

Schnell werden örtliche Schlachten zu nationalen. Als
Klasse
Kämpfen die Arbeiter nun den politischen Kampf. Und die
Klasse
Oftmals gesprengt durch der Arbeiter Wettkampf unter sich
selber
Immer aufs neue geeint durch neue gemeinsame Kämpfe
Greift nach dem Griffel der Bourgeoisjustiz und ertrotzt sich
Gesetze
Abzuzwacken dem Arbeitstag ein Stündlein, Frauen und
Kinder entreißend dem frechsten
Ausbeutergriff und beschirmend die Arbeiterkoalitionen.
Aber sie weiß und, vergißt sie's, wird sie erinnert durch
Schläge
Brechen muß sie am Ende und nicht nur selbst führen den
Griffel.

Vieles gewinnt diese neueste Klasse vom Zwiste der alten
Die sich noch immer in Haaren liegen. Die Bourgeoisie
kämpft noch immer
Gegen den adligen Grundbesitz und seine Diener im Staate.
Auch ist sie selber zerstritten, die Walze der Fortschritts
rollt tödlich
Auch über Teile der Bourgeoisie und vor allem und immer
Kämpft sie doch gegen die Bourgeoisien der anderen Länder.
All diese Kämpfe erheischen den Mitkampf des
Proletariates.
So muß sie selber ihr Proletariat aufs politische Kampffeld
Reißen, damit es ihr hilft, ihren Feind muß sie selber
bewaffnen.
Immerfort sinken auch, Opfer des Fortschritts, ins
Proletariat ab
Alle die mittleren Schichten und, selber zermahlen, vergrößern
Sie doch Gewicht noch und Plastizität der aufsteigenden
Klasse.

Ferner, wie einzelne Adlige übergegangen zur jungen
Adelbekämpfenden Bourgeoisie, so verlassen jetzt manche
Diese, ein Schiff, nicht sinkend noch, doch kompaßlos und gefüllt mit
Wild sich zerfleischender Mannschaft, bringend ihr Können und Wissen.
Angelernt ist schon das Proletariat. Seine Ausbeuter mußten
Schulen ihm baun, denn die Ausbeutung an der Maschine erfordert
Bessere Schulung des Volks, und so wurd es in Schulen gezwungen.
Spärliches Wissen erhielt es, verfälschtes zumeist, aber Wissen
Doch von der Welt des Wissens und Durst nach eigenem Wissen.

Zorniges Schelten vernähme ein Harun al Raschid am Markte.
Dorten verteidigen wild die verarmenden Ladenbesitzer
Nebst den Besitzern der kleineren Quetschen, die Handwerker, Bauern
Kämpfend mit Zähnen und Nägeln, ihr kleines bedrohtes Besitztum.
Hitzig verurteilt der Schreiner die Möbelfabrik und der Bauer
Flucht dem Traktor, und jeder beklagt den Verfall unsrer Sitten.
Aber sie alle sind nicht für den Umsturz des Baus der Gesellschaft
Sondern sie wehren sich nur gegen einen vollzogenen Umsturz
In der Erzeugung der Güter – schüttelnd zerschmetterte Fäuste.
Was da so ruchlos hinwegschreitet über sie, das ist der Fortschritt.

Wären sie wirkliche Umstürzler da – und einige sind es –
Handelten sie als Proleten von morgen, vergessend das
Heute
Also vom Standpunkt des Proletariats, nicht vom
Kleinbürgerstandpunkt.

Auch der tatlos faulende Mob unsrer Städte, gebildet
Aus der Verfaulung unterster Schichten der alten Gesellschaft
Oft durch die Revolution in die Reihn der Proleten
gerissen
Ist nur Opfer, nicht Gegner der Bourgeoisie, und sie kauft
ihn
Leicht als viehischen Knecht, die Proleten niederzuschlagen.

So ist die einzige Klasse, die Bourgeoisie zu besiegen
Und ihren Fessel gewordenen Staat zu zertrümmern
befähigt, von allen
Nur die Arbeiterklasse. Sie ist es durch Wuchs und durch
Lage.

Denn, was das Dasein verbürgt in der alten Gesellschaft,
ist völlig
Abgeschafft und vernichtet im Dasein des Proletariates.
Eigentumslos und zu Weib und Kind nicht mehr Haupt
und Versorger
Fast schon erkennbar nicht mehr nach Nation und nach
Heimat, weil gleiche
Knechtschaft an gleicher Maschine ihn zeichnen von Essen
bis Kanton
Steht der Prolet vor Moral und Religion wie vor
Fatamorganen
Spiegelnd ihm, ferne und unerreichbar, Paradiese in Wüsten.

Andere Klassen, die Herrschaft erobernd, beschirmten
Erworbnes

Wenn sie ihre Art des Erwerbs der Gesellschaft diktierten.
Diese erobert die gütererzeugenden Anlagen nur durch
Völlige Abschaffung ihrer Erwerbsart. Sie hat nichts zum
Sichern.
Alle persönliche Sichrung muß sie so vielmehr zerstören.

Berge von Maschinerie, hinter Zaun und Mauer, und
besser
Noch von Gesetzen beschirmt, und drüben Millionen
Proleten
Schrecklich getrennt durch Mauer und Zaun von den
Mitteln zur Arbeit
Und die Gesetze des Staats, jeder einzelne mietbar für
Stunden
All diese Maschinerie zu betreiben, wie Wasserkraft mietbar
Oder elektrischer Strom für den Preis der Gestehung, doch
auch nur
Wenn jener Gott des Profits nickt, der blinde und tolle, der
Spieler.

Immer beruhte der Herrschenden Herrschaft darauf, daß
die Untern
Von ihrem Schuften doch lebten: die Ausbeutung war ihnen
sicher.
Aber die Bourgeoisie jetzt vermag ihrem Sklaven nicht einmal
Sklavisches Leben zu sichern. Anstatt sich ernähren zu lassen
Von ihrem Proletariat, muß sie dieses ernähren. Sie braucht es
Kann es jedoch nicht gebrauchen und macht es doch größer
und größer.
Und es obsiegt die Entmenschtheit und zeichnet so Opfer
wie Opfrer.
Chaos erzeugen die Pläne der Bourgeoisie, je mehr Pläne
Desto mehr Chaos. Und Mangel entspringt aus Erzeugung,
wo sie herrscht.

Tödlich geworden der riesigen Mehrzahl der Menschen,
wird Regel.
Nicht mehr zu leben vermag unter ihr die Gesellschaft. Die
neue
Klasse, das Proletariat, wird sie stürzen, das selber sie aufzog:
Selber mußte sie aufziehn das riesige, das ihr das Grab gräbt.

Seine ist die Bewegung der Mehrzahl, und würde es herrschen
Wär es nicht Herrschaft mehr, sondern die Knechtung von
Herrschaft.
Nur Unterdrückung würd da unterdrückt, denn das
Proletariat muß
Unterste Schicht der Gesellschaft, um sich zu erheben, den
ganzen
Bau der Gesellschaft zertrümmern mit all seinen oberen
Schichten.
Abschütteln kann es die eigene Knechtschaft nur
abschüttelnd alle
Knechtschaft aller.

Fragment

WAS IST GESCHEHEN?

Der Fabrikbesitzer läßt sein Flugzeug überholen.
Der Pfaffe denkt nach, was er vor acht Wochen über den
Zinsgroschen gepredigt hat.
Die Generäle ziehen Zivilkleider an und sehen aus wie
Bankleute.

Die Beamten auf den Ämtern werden freundlich.
Der Schutzmann zeigt dem Mann mit der Mütze die
Wegrichtung.
Der Hausbesitzer sieht nach, ob die Wasserleitung in
Ordnung ist.
Die Zeitungsschreiber schreiben das Wort Volk mit großen
Buchstaben.
Die Sänger singen umsonst in der Oper.

Die Seekapitäne kontrollieren das Essen in den
Mannschaftsküchen.
Die Autobesitzer setzen sich neben ihre Chauffeure.
Die Ärzte klagen die Versichrungen an.
Die Gelehrten zeigen ihre Erfindungen und verstecken ihre
Orden.
Die Großbauern fahren Kartoffeln in die Kasernen.

Die Revolution hat ihre erste Schlacht gewonnen:
Das ist geschehen.

GESTANK

Fünf Jahre kamen die großen Bomber geflogen
Im sechsten kamen Kanonen, von ukrainischen Gäulen
gezogen.

Eisen und Feuer kam zuhauf
Da brach die Festung Deutschland auf.

Und siehe, ein großer Gestank stieg auf an der Ruhr
Als welcher aus den Villen der Krupp und Thyssen
fuhr.

Und ein andrer Gestank stieg auf in Berlin aus der
Bendlerstraße
Der fuhr aus den Gebäuden der Generalstabsblase.

Und ein dritter Gestank stieg auf in den östlichen
Provinzen
Der fuhr aus den Gütern der Junker und Prinzen.

Und ein vierter Gestank stieg auf und verteilte sich nicht
Der fuhr aus dem Leipziger Reichsgericht.

Und ein fünfter und sechster und siebter Gestank stieg
auf und stand
Über den braunen Häusern im ganzen Land.

Und ganz Deutschland stank wie der Waffenrock von
Fridericus Rex
Der sich niemals wusch. Und so groß war der Gestank des
hundertjährigen Drecks
Daß es in der Welt kein Taschentuch groß genug gab
Gegen die Gestänke aus Zeugkammer, Bank, Kanzel,
Kanzlei und Grab.

EPISTEL AN DIE AUGSBURGER

Und als dann kam der Monat Mai
War ein tausendjähriges Reich vorbei.

Und herunter kamen die Hindenburggass'
Jungens aus Missouri mit Bazookas und Kameras

Und fragten nach der Richtung und kleinerer Beute
Und einem Deutschen, der den zweiten Weltkrieg
bereute.

Der Irreführer lag unter der Reichskanzlei
Niederstirnige Leichen mit Bärtchen gab es zwei, drei.

In Straßengräben faulten Feldmarschälle.
Schlächter bat Schlächter, daß er's Urteil fälle.

Die Wicken blühten. Die Hähne schwiegen betroffen.
Die Türen waren geschlossen. Die Dächer standen
offen.

EINST

Einst schien dies in Kälte leben wunderbar mir
Und belebend rührte mich die Frische
Und das Bittre schmeckte, und es war mir
Als verbliebe ich der Wählerische
Lud die Finsternis mich selbst zu Tische.

Frohsinn schöpfte ich aus kalter Quelle
Und das Nichts gab diesen weiten Raum.

Köstlich sonderte sich seltne Helle
Aus natürlich Dunklem. Lange? Kaum.
Aber ich, Gevatter, war der Schnelle.

DER LETZTE

Der Kampf ist gekämpft, zu Tisch jetzt!
Auch die schwarzen Zeiten nehmen ein Ende.
Was der Kampf übrigließ, greife nach der Gabel!
Der Stärkere war, der übrigblieb.
Und den Letzten beißen die Hunde.

Steh auf, Müder!
Der Starke ist, der keinen zurückließ.
Geh noch einmal hinaus, hink, krieche, schlage dich!
Und hol den Letzten!

TEILE NUN AUCH UNSERN SIEG MIT UNS

Du hast unsere Niederlage mit uns geteilt, teile nun
auch
Unsern Sieg mit uns.

Du hast uns gewarnt vor manchem Irrweg
Wir gingen ihn, du
Gingst ihn mit.

DEUTSCHLAND 1945

Im Haus ist der Pesttod
Im Frei'n ist der Kältetod.
Wohin gehen wir dann?
Die Sau macht ins Futter
Die Sau ist meine Mutter
O Mutter mein, o Mutter mein
Was tuest du mir an?

ABGESANG

Soll die letzte Tafel dann so lauten
Die zerbrochene, die ohne Leser:

Der Planet wird zerbersten.
Die er erzeugt hat, werden ihn vernichten.

Zusammen zu leben, erdachten wir nur den Kapitalismus.
Erdenkend die Physik, erdachten wir mehr.
Da war es, zusammen zu sterben.

KALIFORNISCHER HERBST

I

In meinem Garten
Gibt es nur immergrüne Pflanzen. Will ich Herbst sehn
Fahr ich zu meines Freundes Landhaus in den Hügeln. Dort

Kann ich für fünf Minuten stehn und einen Baum sehn
Beraubt des Laubs, und Laub, beraubt des Stamms.

II

Ich sah ein großes Herbstblatt, das der Wind
Die Straße lang trieb, und ich dachte: Schwierig
Den künftigen Weg des Blattes auszurechnen!

PROLOG ZUR AMERIKANISCHEN AUFFÜHRUNG
[Leben des Galilei]

Verehrtes Publikum der Breiten Straße
Wir laden Sie heute in die Welt der Kurven und Maße
Zu entschleiern vor Ihrem Kennerblick
Die Geburtsstunde der Physik.
Sie sehen das Leben des großen Galileo Galilei.
Den Kampf des Fallgesetzes mit dem gratias dei
Der Wissenschaft mit der Obrigkeit
An der Schwelle der Neuzeit.
Sie sehen die Wissenschaft jung und drall
Und Sie sehen ihren Sündenfall.
Noch ist das Wahre nicht die Ware
Doch hat es schon dies Sonderbare
Daß es die vielen nicht erreicht
Und macht ihr Leben schwer statt leicht.
Solche Betrachtung scheint uns heut aktuell
Die Neue Zeit verrinnt besonders schnell –
Wir hoffen, Sie leihen Ihr geneigtes Ohr
Wenn nicht uns, so doch unserm Thema, bevor
Infolge der nicht gelernten Lektion
Auftritt die Atombombe in Person.

EPILOG DER WISSENSCHAFTLER
[Leben des Galilei]

Und wie er das Werk begonnen
Haben wir es fortgeführet
Tiefgebückt und hochgesonnen
Grenzenlos und eingeschnüret.
Kommandierend die Gestirne
Knieend vor den Obrigkeiten
Tragen wir zu Markt unsre Gehirne
Unsrer Leiber Notdurft zu bestreiten.
So, verachtet nur von oben
Und verlacht zumeist von unten
Haben wir der Weltengloben
Große Formeln ausgefunden.
Stetig größer wird das Wissen
Und es wird die Knechtschaft größer.
Wahrheit wird zum Leckerbissen
Und zum Büttel der Erlöser.
In den neuen Eisenzügen
Zu der neuen Schiffe Hafen
Fahren, ihnen zu genügen
Sklavenhalter nur und Sklaven.
Sklaven nur und Sklavenhalter
Fliegen ihnen
In den jungen Flugmaschinen
Durch der Himmel blaues Alter.
Denn sie widmen feig der Schröpfung
Einer Menschheit ihre Schöpfung
Bis die Letzte alles wendet
Bis die Gnomische
Weiße, Atomische
Sie und uns und alles endet.

BRIEF AN DEN SCHAUSPIELER CHARLES LAUGTHON, DIE ARBEIT AN DEM STÜCK ›LEBEN DES GALILEI‹ BETREFFEND

Noch zerfleischten sich unsere Völker, als wir
Über den abgegriffenen Heften saßen, in Wörterbüchern
Suchend nach Wörtern und viele Male
Unsere Texte ausstrichen und dann
Unter den Strichen hervor die anfänglichen Wendungen
Wieder ausgruben. Allmählich –
Während die Wälle der Häuser einstürzten in unseren
  Hauptstädten –
Stürzten die Wälle der Sprachen zusammen. Gemeinsam
Fingen wir an, dem Diktat der Figuren und Vorgänge
Neuem Text zu folgen.

Immerfort wandelte ich mich zum Schauspieler, zeigend
Gestus und Tonfall einer Figur, und du
Wandeltest dich zum Schreiber. Weder ich noch du
Sprangen aus unserm Beruf doch.

DER SCHREIBER FÜHLT SICH VERRATEN VON EINEM FREUND

Was das Kind fühlt, wenn die Mutter mit dem fremden
  Mann weggeht.
Was der Zimmermann fühlt, wenn ihn der Schwindel
  überkommt, das Zeichen des Alterns.
Was der Maler fühlt, wenn das Modell nicht mehr kommt
  und das Bild ist unvollendet.
Was der Physiker fühlt, wenn er den Fehler weit vorne in der
  Reihe der Versuche entdeckt.
Was der Flieger fühlt, wenn über dem Gebirge der Öldruck
  absinkt.
Was das Flugzeug, fühlte es, fühlt, wenn der Flieger
  betrunken steuert.

DIE SCHÖNE GABEL

Als die Gabel mit dem schönen Horngriff brach
Flog mir durch den Kopf, daß tief in ihr
Immer ein Fehler gewesen sein müßte. Mit Mühe
Rief ich mir zurück ins Gedächtnis
Die Freude an der Makellosen.

DER NÜRNBERGER PROZESS

Die amerikanischen Korrespondenten beschweren sich
Über die Gleichgültigkeit der deutschen Bevölkerung
gegenüber
Den Enthüllungen der Kriegsverbrechen. Wie, wenn diese
Leute
Über ihre Obrigkeit schon Bescheid wüßten und nur
Auch jetzt noch nicht sähen, wie
Die Verbrecher loswerden?

DER KRIEG IST GESCHÄNDET WORDEN

Wie ich höre, wird in den besseren Kreisen davon gesprochen
Daß der zweite Weltkrieg in moralischer Hinsicht
Nicht auf der Höhe des ersten gestanden habe. Die
Wehrmacht
Soll die Methoden bedauern, mit denen die Ausmerzung
Gewisser Völker von der SS vollzogen wurde. Die
Ruhrkapitäne
Heißt es, beklagen die blutigen Treibjagden
Die ihre Gruben und Fabriken füllten mit Sklavenarbeitern, die
Intelligenzler

Hör ich, verdammen die Forderung nach Sklavenarbeitern
von seiten der
Industriellen, sowie die gemeine Behandlung. Selbst die
Bischöfe
Rücken ab von dieser Weise, Kriege zu führen, kurz, es
herrscht
Allenthalben jetzt das Gefühl, daß die Nazis dem Vaterland
Leider einen Bärendienst erwiesen und daß der Krieg
An und für sich natürlich und notwendig, durch diese
Über alle Stränge schlagende und geradezu unmenschliche
Art, wie er diesmal geführt wurde, auf geraume Zeit hinaus
Diskreditiert wurde.

STOLZ

Als der amerikanische Soldat mir erzählte
Wie die wohlgenährten deutschen Bürgertöchter
Käuflich waren für Tabak und die Kleinbürgertöchter für
Schokolade
Die ausgehungerten russischen Sklavenarbeiterinnen jedoch
unkäuflich
Verspürte ich Stolz.

ADRESSE DES STERBENDEN DICHTERS AN DIE JUGEND

Ihr jungen Leute kommender Zeiten und
Neuer Morgenröten über Städten, die
Noch nicht gebaut sind, auch
Ungeborene ihr, vernehmt
Meine Stimme jetzt, der ich gestorben bin
Und nicht ruhmvoll.

Sondern
Wie ein Bauer, der sein Feld nicht bestellt hat und
Wie ein Zimmermann, der faul weggelaufen ist
Vom offenen Dachstuhl.

So habe ich
Meine Zeit versäumt, meine Tage verschwendet
und nun
Muß ich euch bitten
All das nicht Gesagte zu sagen
All das nicht Getane zu tun und mich
Schnell zu vergessen, ich bitt euch, damit nicht
Mein schlechtes Beispiel auch euch noch verführe.

Ach, warum saß ich doch
Am Tisch der Unfruchtbaren, mitessend das Mahl
Das sie nicht bereitet hatten?

Ach, warum mischte ich
Meine besten Worte in ihr
Müßiges Geschwätz? Aber draußen
Gingen die Unbelehrten
Dürstend nach Belehrung.

Ach, warum
Steigen meine Lieder nicht auf von den Orten, wo
Die Städte genährt werden, dort, wo sie Schiffe bauen,
warum
Steigen sie nicht aus den schnell fahrenden
Lokomotiven der Züge wie Rauch, der
Im Himmel zurückbleibt?

Weil meine Rede
Den Nützlichen und Schaffenden
Wie Asche im Mund ist und trunknes Gestammel.

Nicht ein Wort
Weiß ich für euch, ihr Geschlechter kommender Zeiten
Nicht einen Hinweis mit unsicherem Finger
Könnt ich euch geben, denn wie
Könnte den Weg weisen, der
Ihn nicht gegangen ist!

Also verbleibt mir, der ich mein Leben
So vergeudet habe, nur, euch aufzufordern
Kein Gebot zu achten, das aus unserem
Faulen Maule kommt und keinen
Rat entgegenzunehmen von denen, die
So versagt haben, sondern
Nur aus euch heraus zu bestimmen, was euch
Gut ist und euch
Hilft, das Land zu bebauen, das wir verfallen ließen, und
Die wir verpesteten, die Städte
Bewohnbar zu machen.

EPITAPH FÜR M.

Den Haien entrann ich
Die Tiger erlegte ich
Aufgefressen wurde ich
Von den Wanzen.

ABER WENN ER ZUM BLOCK GING

Aber wenn er zum Block ging, um getötet zu werden
Ging er zu einem Block, der von seinesgleichen gemacht war
Und auch das Handbeil, ihn nunmehr erwartend
War von seinesgleichen gemacht. Nur fortgegangen
Oder vertrieben waren sie also, aber doch da

Und anwesend im Werk ihrer Hände. Selbst nicht das Licht
In den Gängen, durch die er zum Tod ging
Gäb's ohne sie. Noch das Haus
Aus dem er geführt wurd, noch irgendein andres Haus.
Warum
Muß er allein sein, der für so viele gesprochen?
Darum:
Die Unterdrücker sammeln sich
Aber die Unterdrückten sind uneinig.

MIT BESCHÄMUNG

Sieben Jahre aßen wir das Brot des Schlächters.
Sieben Jahre schmiedeten wir ihm die Kriegskärren.
Ein besiegtes Volk, zogen wir aus
Zu besiegen andere Völker.

DER ANACHRONISTISCHE ZUG ODER FREIHEIT UND DEMOCRACY

Frühling wurd's in deutschem Land.
Über Asch und Trümmerwand
Flog ein erstes Birkengrün
Probweis, delikat und kühn

Als von Süden, aus den Tälern
Herbewegte sich von Wählern
Pomphaft ein zerlumpter Zug
Der zwei alte Tafeln trug.

Mürbe war das Holz von Stichen
Und die Inschrift sehr verblichen
Und es war so etwas wie
Freiheit und Democracy.

Von den Kirchen kam Geläute.
Kriegerwitwen, Fliegerbräute
Waise, Zittrer, Hinkebein –
Offnen Maules stand's am Rain.

Und der Blinde frug den Tauben
Was vorbeizog in den Stauben
Hinter einem Aufruf wie
Freiheit und Democracy.

Vornweg schritt ein Sattelkopf
Und er sang aus vollem Kropf:
»Allons, enfants, god save the king
Und den Dollar, kling, kling, kling.«

Dann in Kutten schritten zwei
Trugen 'ne Monstranz vorbei.
Wurd die Kutte hochgerafft
Sah hervor ein Stiefelschaft.

Doch dem Kreuz dort auf dem Laken
Fehlen heute ein paar Haken
Da man mit den Zeiten lebt
Sind die Haken überklebt.

Drunter schritt dafür ein Pater
Abgesandt vom Heiligen Vater
Welcher tief beunruhigt
Wie man weiß, nach Osten blickt.

Dicht darauf die Nichtvergesser
Die für ihre langen Messer
Stampfend in geschloßnen Reihn
Laut nach einer Freinacht schrein.

Ihre Gönner dann, die schnellen
Grauen Herrn von den Kartellen:
Für die Rüstungsindustrie
Freiheit und Democracy!

Einem impotenten Hahne
Gleichend, stolzt ein Pangermane
Pochend auf das freie Wort.
Es heißt Mord.

Gleichen Tritts marschiern die Lehrer
Machtverehrer, Hirnverheerer
Für das Recht, die deutsche Jugend
Zu erziehn zur Schlächtertugend.

Folgen die Herrn Mediziner
Menschverächter, Nazidiener
Fordernd, daß man ihnen buche
Kommunisten für Versuche.

Drei Gelehrte, ernst und hager
Planer der Vergasungslager
Fordern auch für die Chemie
Freiheit und Democracy.

Folgen, denn es braucht der Staat sie
Alle die entnazten Nazi
Die als Filzlaus in den Ritzen
Aller hohen Ämter sitzen.

Dort die Stürmerredakteure
Sind besorgt, daß man sie höre
Und nicht etwa jetzt vergesse
Auf die Freiheit unsrer Presse.

Einige unsrer besten Bürger
Einst geschätzt als Judenwürger
Jetzt geknebelt, seht ihr schreiten
Für das Recht der Minderheiten.

Früherer Parlamentarier
In den Hitlerzeiten Arier
Bietet sich als Anwalt an:
Schafft dem Tüchtigen freie Bahn!

Und der schwarze Marketier
Sagt, befraget: Ich marschier
Auf Gedeih (und auf Verderb)
Für den Freien Wettbewerb.

Und der Richter dort: zur Hetz
Schwenkt er frech ein alt Gesetz.
Mit ihm von der Hitlerei
Spricht er sich und alle frei.

Künstler, Musiker, Dichterfürsten
Schrei'nd nach Lorbeer und nach Würsten
All die Guten, die geschwind
Nun es nicht gewesen sind.

Peitschen klatschen auf das Pflaster:
Die SS macht es für Zaster
Aber Freiheit braucht auch sie
Freiheit und Democracy.

Und die Hitlerfrauenschaft
Kommt, die Röcke hochgerafft
Fischend mit gebräunter Wade
Nach des Erbfeinds Schokolade.

Spitzel, Kraft-durch-Freude-Weiber
Winterhelfer, Zeitungsschreiber
Steuer-Spenden-Zins-Eintreiber
Deutsches-Erbland-Einverleiber

Blut und Dreck in Wahlverwandtschaft
Zog das durch die deutsche Landschaft
Rülpste, kotzte, stank und schrie:
Freiheit und Democracy!

Und kam, berstend vor Gestank
Endlich an die Isarbank
Zu der Hauptstadt der Bewegung
Stadt der deutschen Grabsteinlegung.

Informiert von den Gazetten
Hungernd zwischen den Skeletten
Seiner Häuser stand herum
Das verstörte Bürgertum.

Und als der mephitische Zug
Durch den Schutt die Tafeln trug
Treten aus dem Braunen Haus
Schweigend sechs Gestalten aus

Und es kommt der Zug zum Halten.
Neigen sich die sechs Gestalten
Und gesellen sich dem Zug
Der die alten Tafeln trug.

Und sie fahrn in sechs Karossen
Alle sechs Parteigenossen
Durch den Schutt, und alles schrie:
Freiheit und Democracy!

Knochenhand am Peitschenknauf
Fährt die Unterdrückung auf.
In 'nem Panzerkarr'n fährt sie
Dem Geschenk der Industrie.

Groß begrüßt, in rostigem Tank
Fährt der Aussatz. Er scheint krank.
Schämig zupft er sich im Winde
Hoch zum Kinn die braune Binde.

Hinter ihn fährt der Betrug
Schwenkend einen großen Krug
Freibier. Müßt nur, draus zu saufen
Eure Kinder ihm verkaufen.

Alt wie das Gebirge, doch
Unternehmend immer noch
Fährt die Dummheit mit im Zug
Läßt kein Auge vom Betrug.

Hängend überm Wagenbord
Mit dem Arm, fährt vor der Mord.
Wohlig räkelt sich das Vieh
Singt: Sweet dream of liberty.

Zittrig noch vom gestrigen Schock
Fährt der Raub dann auf im Rock
Eines Junkers Feldmarschall
Auf dem Schoß einen Erdball.

Aber alle die sechs Großen
Eingeseßnen, Gnadelosen
Alle nun verlangen sie
Freiheit und Democracy.

Holpernd hinter den sechs Plagen
Fährt ein Riesentotenwagen
Drinnen liegt, man sieht's nicht recht:
's ist ein unbekannt Geschlecht.

Und ein Wind aus den Ruinen
Singt die Totenmesse ihnen
Die dereinst gesessen hatten
Hier in Häusern. Große Ratten

Schlüpfen aus gestürzten Gassen
Folgend diesem Zug in Massen.
Hoch die Freiheit, piepsen sie
Freiheit und Democracy!

Gedichte 1947 – 1956

DIE FREUNDE

Mich, den Stückschreiber
Hat der Krieg getrennt von meinem Freund, dem
Bühnenbauer.
Die Städte, in denen wir arbeiteten, sind nicht mehr.
Wenn ich durch die Städte gehe, die noch sind
Sage ich mitunter: dieses blaue Stück Wäsche dort
Hätte mein Freund besser plaziert.

AN MEINEN FREUND, DEN MALER

I

Der Wasser-Feuer-Mensch unserer Jugend
Unempfindlich gegen Wasser wie Feuer
Hat sich schlecht bewährt: selbst die Wohnungswand
Auf die du ihn mir maltest, fiel
Ihm zum Opfer.

II

Die zwei großen Bretter
Mit dem »Bösen Baal, dem Asozialen« und
Dem »Aussätzigen Alter, belehrt von der Jugend«
Sind gerettet in Schweden.

CASPAR NEHER, DER BÜHNENBAUER, ÜBERGIBT DEN SCHAUSPIELERN DER STADT CHUR DIE GERÄTE SEINES ANTIGONE-MODELLS

Ihr Freunde, nehmt, doch zu behalten nicht
Die Lorbeerkränze mit den schwarzen Lederblättern.
Das eine Blatt hier in dem einen Kranz
Ist los, verliert's nicht, denn das pflückt der Seher.

ANTIGONE*

Komm aus dem Dämmer und geh
Vor uns her eine Zeit
Freundliche, mit dem leichten Schritt
Der ganz Bestimmten, schrecklich
Den Schrecklichen.

Abgewandte, ich weiß
Wie du den Tod gefürchtet hast, aber
Mehr noch fürchtetest du
Unwürdig Leben.

Und ließest den Mächtigen
Nichts durch, und glichst dich
Mit den Verwirrern nicht aus, noch je
Vergaßest du Schimpf und über der Untat wuchs
Ihnen kein Gras.

* [Für Helene Weigel zur Premiere der »Antigone«, Chur, 15. Februar 1948.]

AUFBAULIED

1

Keiner plagt sich gerne, doch wir wissen:
Grau ist's immer, wenn ein Morgen naht
Und trotz Hunger, Kält und Finsternissen
Stehn zum Handanlegen wir parat.
  Fort mit den Trümmern
  Und was Neues hingebaut!
  Um uns selber müssen wir uns selber kümmern
  Und heraus gegen uns, wer sich traut!

2

Jeder sitzt mal gerne unterm Dache
Drum ist aufbaun gar kein schlechter Rat.
Aber es muß sein in eigner Sache
Und so baun wir erst 'nen neuen Staat.
  Fort mit den Trümmern
  Und was Neues hingebaut!
  Um uns selber müssen wir uns selber kümmern
  Und heraus gegen uns, wer sich traut!

3

Und das Schieberpack, das uns verblieben
Das nach Freiheit jammert früh und spat
Und die Herren, die die Schieber schieben
Schieben wir per Schub aus unserm Staat.
  Fort mit den Trümmern
  Und was Neues hingebaut!
  Um uns selber müssen wir uns selber kümmern
  Und heraus gegen uns, wer sich traut!

4

Denn das Haus ist hin, doch nicht die Wanzen
Junker, Unternehmer, Potentat.
Schaufeln her, Mensch, schaufeln wir den ganzen
Klumpatsch heiter jetzt aus unserm Staat.
Fort mit den Trümmern
Und was Neues hingebaut!
Um uns selber müssen wir uns selber kümmern
Und heraus gegen uns, wer sich traut!

5

Besser als gerührt sein, ist: sich rühren
Denn kein Führer führt aus dem Salat!
Selber werden wir uns endlich führen:
Weg der alte, her der neue Staat!
Fort mit den Trümmern
Und was Neues hingebaut!
Um uns selber müssen wir uns selber kümmern
Und heraus gegen uns, wer sich traut!

ZUKUNFTSLIED

1

Und es waren mächtge Zaren einst im weiten Russenreich.
Und man sah sie niedertreten die Muschkoten und Proleten
Und sie speisten, in Pasteten, alle Hähne, die drum krähten
Und die Guten sah man bluten, und den Zaren war es gleich.
Aber eines Tages war das nicht mehr so
Und zu Ende waren tausend Jahre Not.
Aus der Jammer: Über der Getreidekammer hob sich hoh
Eine wunderbare Fahne, die war rot.

2

Und es saßen große Herren einst in Polen, reich und stolz.
Und sie führten große Kriege in den Panzern mit Motoren
Und es wurden keine Siege, sondern Polen war verloren
Und der Bauer zog den Pflug, und dieser Pflug, der war
aus Holz.
Aber eines Tages war das nicht mehr so
Und zu Ende waren tausend Jahre Not.
Aus der Jammer: Über der Getreidekammer hob sich hoh
Eine wunderbare Fahne, die war rot.

3

Und es hatten fette Händler fern in China einst ein Heer.
Und so sah man faul die Satten, und die Hungrigen sah man
fronen
Vier mal hundert Millionen ausgesaugt von tausend Ratten
Denn die fetten Händler hatten fette Freunde überm Meer.
Aber eines Tages war das nicht mehr so
Und zu Ende waren tausend Jahre Not.
Aus der Jammer: Über der Getreidekammer hob sich hoh
Eine wunderbare Fahne, die war rot.

4

Als wir zogen gegen Osten, ach, besiegt von unsern Herrn
Die uns gegen Brüder warben, haben die mit Tank und Wagen
Uns im Kaukasus geschlagen; und es darben, die nicht
starben
Und schon wollen neue Herrn uns in neue Kriege zerrn.
Aber eines Tages ist das nicht mehr so
Und zu Ende sind die tausend Jahre Not.
Aus der Jammer: Über der Getreidekammer hebt sich hoh
Eine wunderbare Fahne, die ist rot.

GRABSCHRIFT FÜR KARL LIEBKNECHT

Hier liegt
Karl Liebknecht
Der Kämpfer gegen den Krieg
Als er erschlagen wurde
Stand unsere Stadt noch.

GRABSCHRIFT FÜR ROSA LUXEMBURG

Hier liegt begraben
Rosa Luxemburg
Eine Jüdin aus Polen
Vorkämpferin deutscher Arbeiter
Getötet im Auftrag
Deutscher Unterdrücker. Unterdrückte
Begrabt eure Zwietracht!

DIE ANDERE SEITE

1934, im achten Jahre des Bürgerkriegs
Warfen Flugzeuge Tschiang Kai-scheks
Über dem Gebiet der Kommunisten Flugblätter ab
Die auf den Kopf Mao Tse-tungs einen Preis setzten.
Umsichtig
Ließ der gebrandmarkte Mao angesichts des Mangels
An Papier und der Fülle der Gedanken die einseitig
Bedruckten Blätter aufsammeln und brachte sie
Auf der sauberen Seite bedruckt mit Nützlichem
Unter der Bevölkerung in Umlauf.

AUSSER DIESEM STERN

Außer diesem Stern, dachte ich, ist nichts und er
Ist so verwüstet.
Er allein ist unsere Zuflucht und die
Sieht so aus.

FÜR HELENE WEIGEL*

Und jetzt trete in der leichten Weise
Auf der Trümmerstadt alte Bühne
Voll der Geduld und auch unerbittlich
Das Richtige zeigend.

Das Törichte mit Weisheit
Den Haß mit Freundlichkeit
Am gestürzten Haus
Die falsche Bauformel.

Aber den Unbelehrbaren zeige
Mit kleiner Hoffnung
Dein gutes Gesicht.

ALS ICH KAM IN DIE HEIMAT

Als ich kam in die Heimat
Und sah den Rest so stehn
Da bekam ich einen Schrecken
Und wollte schneller gehn.

* [Zur Premiere von »Mutter Courage und ihre Kinder«, Berlin, 11. Januar 1949.]

Doch wär ich auch schneller gegangen
So schnell wie nie, uns bangt:
Aus solcher Trümmerstätte
Wär ich nicht hinausgelangt.

ALS UNSERE STÄDTE IN SCHUTT LAGEN

Als unsere Städte in Schutt lagen
Verwüstet durch den Krieg des Schlächters
Haben wir begonnen, sie wieder aufzubauen
In der Kälte, im Hunger, in der Schwäche.

Die Eisenkärren mit dem Schutt
Zogen wir selber, wie in grauer Vorzeit.
Mit den nackten Händen gruben wir Ziegel aus
Um unsre Kinder nicht in fremde Fron zu verkaufen.

Dann machten wir für diese unsere Kinder
In den Schulen Platz und säuberten die Schulen
Und reinigten das Wissen der Jahrhunderte
Vom alten Schmutz, daß es gut für sie sei.

WAHRNEHMUNG

Als ich wiederkehrte
War mein Haar noch nicht grau
Da war ich froh.

Die Mühen der Gebirge liegen hinter uns
Vor uns liegen die Mühen der Ebenen.

NIMM PLATZ AM TISCH

Nimm Platz am Tisch, du hast ihn doch gedeckt.
Von heute ab wird auch die das Kleid tragen, die es genäht hat.
Heute, mittag um zwölf Uhr
Beginnt das goldene Zeitalter.

Wir fangen es an aus der Erwähnung heraus
Daß ihr müd seid, Häuser zu bauen und
Nicht darin zu wohnen. Wir glauben
Ihr wollt jetzt das Brot essen, das ihr gebacken habt.

Mutter, dein Sohn soll essen.
Der Krieg ist abgesagt worden. Wir dachten
So sei es dir recht. Warum, fragten wir uns
Das goldene Zeitalter noch aufschieben?
Wir leben nicht ewig.

EULENSPIEGEL ÜBERLEBT DEN KRIEG

Werner Finck gewidmet

Gleichend einer madigen Leich
Lag das dutzendjährige Reich
Als, fünfhundert Jahre alt
Eulenspiegel in Gestalt
Sich den Schweizern präsentierte
Und, für eine Mahlzeit, referierte
Wie, indem er Witze riß und bebte
Er die großen Zeiten überlebte.
Denn es war für Späßemacher
Die SS ein schlechter Lacher:
Eulenspieglein an der Wand

Wer ist der Dümmste im ganzen Land?
Nun, da galt es mittlerweilen
Sich die Späße einzuteilen
Sich den Gürtel eng zu schnallen und gelassen
Grad nur so viel Witze zu verpassen
Als man unbedingt zum Leben brauchte
Daß die Bestie höchstens fauchte
Doch nicht biß. Und als der große
Gütevolle, würdenlose
Späßevogel diese knappe
Zeit beschrieb, da war's, als klappe
Geisterhaft ihm manche tote
Hand noch Beifall. Von dem Aufgebote
Derer unter Schutt und Aschehügel.
Und es war, als wüchsen Flügel
Diesem ungelenken Gaste
Der in große Zeit nicht paßte
Und, indem er witzig war und bebte
Wie das niedre Volk, sie überlebte.

EIN NEUES HAUS

Zurückgekehrt nach fünfzehnjährigem Exil
Bin ich eingezogen in ein schönes Haus.
Meine Nō-Masken und mein Rollbild, den Zweifler
zeigend
Habe ich aufgehängt hier. Fahrend durch die Trümmer
Werde ich tagtäglich an die Privilegien erinnert
Die mir dies Haus verschafften. Ich hoffe
Es macht mich nicht geduldig mit den Löchern
In denen so viele Tausende sitzen. Immer noch
Liegt auf dem Schrank mit den Manuskripten
Mein Koffer.

SCHLECHTE ZEITEN

Der Baum erzählt, warum er keine Früchte gebracht hat.
Der Dichter erzählt, warum die Verse schlecht geworden sind.
Der General erzählt, warum der Krieg verloren wurde.

Bilder, gemalt auf brüchiger Leinwand!
Berichte der Expedition, überliefert den Vergeßlichen!
Großes Verhalten, von niemandem beobachtet!

Soll die geborstene Vase als Pißtopf verwendet werden?
Soll aus der lächerlichen Tragödie ein Schwank gemacht
werden?
Soll die verunstaltete Geliebte in die Küche gestellt werden?

Lob denen, die aus den baufälligen Häusern ausziehen!
Lob denen, die dem verkommenen Freund die Türe
verriegeln!
Lob denen, die den undurchführbaren Plan vergessen!

Das Haus ist gebaut aus den Steinen, die vorhanden waren.
Der Umsturz wurde gemacht mit den Umstürzlern, die
vorhanden waren.
Das Bild wurde gemalt mit den Farben, die vorhanden waren.

Gegessen wurde, was da war.
Gegeben wurde den Bedürftigen.
Gesprochen wurde mit den Anwesenden.
Gearbeitet wurde mit den Kräften, der Weisheit und dem
Mut, die zur Verfügung standen.

Die Sorglosigkeit soll nicht entschuldigt werden.
Mehr wäre möglich gewesen.
Das Bedauern wird ausgesprochen.
(Was könnte es helfen?)

ICH HABE DIES. DU HAST DAS

Ich habe dies. Du hast das.
Mir wurde mein Buch gestohlen.
Dir wurde dein Halstuch entrissen.
Ich nehme nichts von dem an.
Er hat mich nicht eingeladen.
Mir schuldet man Geld.
Mir schuldet man Dank.
Ich kann dies und das verlangen.
Ich verweigere es.

Genossen, laßt uns nicht ICH sagen
Auch wenn wir so oft ICH zu hören bekommen!
Laßt uns den Zustand der Gesellschaft bekämpfen
In der all diese Sätze wahr sind!

JUGEND

Und ich saß mit ihnen in eingefallenen Häusern
Und ich hörte sie reden und sagen: nun ist's genug doch
Nun ist's endlich genug mit köpfezerbrechendem Lernen.
Taten her! Und schnelle! Alles verändernd gewaltsam!
Die, vertrauend, Falsches gelernt, sie hörten mit Mißtraun
Richtiges nun, denn keiner verstand, Gehörtes zu prüfen.
Aber das Knurren der Mägen verschlang doch viel vom
Gerede.

ALS DIE STADT NUN TOT LAG

Als die Stadt nun tot lag, ging dein einer Sohn
Große Mutter du, in den Schutt zurück
Grub die Werkbank aus, zimmerte ein Dach.

Zog den Nagel aus dem verkohlten Hausgebälk
Hämmerte ihn grad, trieb ihn ein ins neue
Baugerüst, aus den alten Brettern gefügt.
Oft die Fliegen, die von Toten kamen
Wischte er weg von der Stirn, wenn er emsig
Rostiges Rädergetriebe in der Blechwanne wusch.

Fragment

AN MEINE LANDSLEUTE

Ihr, die ihr überlebtet in gestorbenen Städten
Habt doch nun endlich mit euch selbst Erbarmen!
Zieht nun in neue Kriege nicht, ihr Armen
Als ob die alten nicht gelanget hätten:
Ich bitt euch, habet mit euch selbst Erbarmen!

Ihr Männer, greift zur Kelle, nicht zum Messer!
Ihr säßet unter Dächern schließlich jetzt
Hättet ihr auf das Messer nicht gesetzt
Und unter Dächern sitzt es sich doch besser.
Ich bitt euch, greift zur Kelle, nicht zum Messer!

Ihr Kinder, daß sie euch mit Krieg verschonen
Müßt ihr um Einsicht eure Eltern bitten.
Sagt laut, ihr wollt nicht in Ruinen wohnen
Und nicht das leiden, was sie selber litten:
Ihr Kinder, daß sie euch mit Krieg verschonen!

Ihr Mütter, da es euch anheimgegeben
Den Krieg zu dulden oder nicht zu dulden
Ich bitt euch, lasset eure Kinder leben!
Daß sie euch die Geburt und nicht den Tod dann schulden:
Ihr Mütter, lasset eure Kinder leben!

SPRÜCHE

I

Als ich mich herumgetrieben
Habe ich nichts aufgeschrieben
Weiß nicht, wo mein Hut geblieben
Weiß nicht, wo die vorigen sieben.

II

Traue nicht deinen Augen
Traue deinen Ohren nicht
Du siehst Dunkel
Vielleicht ist es Licht.

GESPRÄCH ÜBER DEN ALLTAGSKAMPF

Mit zwanzig hätte ich gern Mathematik studiert und
Sternkunde
In den Zahlen waschen wir das Unreine
Aus Geschehen und Körpern. Selbst das Zufällige, das
Uns so quält in den Kämpfen, erscheint
In den Wahrscheinlichkeitskalkulationen
Der Mathematik gebändigt. Die großen
Bewegungen der Gestirne gestatten
Gute Voraussagen. Auch da
Sind die Kugeln im Weltraum nicht völlig rund, die
Kurven
Nicht ganz stetig, aber beobachtet über Sternjahre
Und Weltraumentfernungen befriedigen sie
Den ordnenden Geist.

Auch hättest du, Mathematik studierend und Sternkunde
anstatt
Politik und Wirtschaft, weniger Betrug getroffen. Die
Sternbahnen
Werden nicht so verheimlicht als die Wege der Kartelle.
Der Mond
Klagt nicht auf Geschäftsschädigung.

Fragment

AN DEN SCHAUSPIELER P. L. IM EXIL

Höre, wir rufen dich zurück. Verjagter
Jetzt sollst du wiederkommen. Aus dem Land
Da einst Milch und Honig geflossen ist
Bist du verjagt worden. Zurückgerufen
Wirst du in das Land, das zerstört ist.
Und nichts anderes mehr
Können wir dir bieten, als daß du gebraucht wirst.

Arm oder reich
Gesund oder krank
Vergiß alles
Und komm.

NACHRUF AUF XX

Sprecht jetzt vom Wetter und
Grabt ihn mir tief, der
Vor er gesprochen
Schon widerrief.

SCHWÄCHEN

Du hattest keine
Ich hatte eine:
Ich liebte.

DAS THEATER DES NEUEN ZEITALTERS

Das Theater des neuen Zeitalters
Ward eröffnet, als auf die Bühne
Des zerstörten Berlin
Der Planwagen der Courage rollte.
Ein und ein halbes Jahr später
Im Demonstrationszug des 1. Mai
Zeigten die Mütter ihren Kindern
Die Weigel und
Lobten den Frieden.

VOM GLÜCK DES GEBENS

Höchstes Glück ist doch, zu spenden
Denen, die es schwerer haben
Und beschwingt, mit frohen Händen
Auszustreun die schönen Gaben.

Schöner ist doch keine Rose
Als das Antlitz des Beschenkten
Wenn gefüllet sich, o große
Freude, seine Hände senkten.

Nichts macht doch so gänzlich heiter
Als zu helfen allen, allen!

Geb ich, was ich hab, nicht weiter
Kann es mir doch nicht gefallen.

FRÜHLING

An einem dürren Ast
Ist eine Blüt' erblüht
Hat sich heut nacht bemüht
Und nicht den Mai verpaßt.

Ich hatt' so kein Vertraun
Daß ich ihn schon verwarf
Für Anblick und Bedarf.
Hätt ihn fast abgehaun.

WENN ES IM GEAHNTEN IST

Wenn es im Geahnten ist
Wenn es im Losen ist
Wird es gepriesen.
Wenn es im Großen ist
Wenn es im Geplanten ist
Wird es verwiesen.

KINDERLIEDER 1956

DIE GESCHICHTE VON DER MUTTER COURAGE

Es war einmal eine Mutter
War Mutter Courage genannt
Sie zog im Dreißigjährigen Krieg
Als Händlerin durch das Land.

Sie hatte keine Furcht vorm Kriege
Wollt machen ihren Schnitt
Und nahm, daß sie auch was kriegten
Ihre drei Kinder mit.

Ihr Ältster fiel, weil er ein Held war
Der zweite, weil er zu brav
Die Tochter hatt' ein zu gutes Herz
Als sie die Kugel traf.

DRACHENLIED

Fliege, fliege, kleiner Drache
Steig mit Eifer in die Lüfte
Schwing dich, kleine blaue Sache
Über unsre Häusergrüfte!

Wenn wir an der Schnur dich halten
Wirst du in den Lüften bleiben
Knecht der sieben Windsgewalten
Zwingst du sie, dich hochzutreiben.

Wir selbst liegen dir zu Füßen!
Fliege, fliege, kleiner Ahne
Unsrer großen Äroplane
Blick dich um, sie zu begrüßen!

DIE VÖGEL WARTEN IM WINTER VOR DEM FENSTER

1

Ich bin der Sperling.
Kinder, ich bin am Ende.
Und ich rief euch immer im vergangnen Jahr
Wenn der Rabe wieder im Salatbeet war.
Bitte um eine kleine Spende.
  Sperling, komm nach vorn.
  Sperling, hier ist dein Korn.
  Und besten Dank für die Arbeit!

2

Ich bin der Buntspecht.
Kinder, ich bin am Ende.
Und ich hämmere die ganze Sommerzeit
All das Ungeziefer schaffe ich beiseit.
Bitte um eine kleine Spende.
  Buntspecht, komm nach vurn.
  Buntspecht, hier ist dein Wurm.
  Und besten Dank für die Arbeit!

3

Ich bin die Amsel.
Kinder, ich bin am Ende.
Und ich war es, die den ganzen Sommer lang

Früh im Dämmergrau in Nachbars Garten sang.
Bitte um eine kleine Spende.
  Amsel, komm nach vorn.
  Amsel, hier ist dein Korn.
  Und besten Dank für die Arbeit!

STÜRME SCHMETTERN

Stürme schmettern
Hin den Föhrenstamm der Bergeskämme
Doch den allergrößten Wettern
Widersteht der Wald der tausend Stämme.
  Eint, eint, eint, eint
  Eint euch vor dem Feind!

Adler fliegen
Über Bergeswände
Doch wir Menschen sind's, die höher stiegen
In dem Zeug, gemacht durch Menschenhände.
  Her, her, her, her
  Her das Flugzeug, her!

ÜBER DIE BERGE

Über die Berge
Fliegt der Mensch wie nichts
Groß sind seine Werke
Doch am Brot für alle, da gebricht's.
Menschenskind!
Daß nicht alle satt sind!

Über Kontinente
Spricht der Mensch von Haus zu Haus

Hunderttausend Hände
Strecken sich zueinander aus.
Menschenskind!
Wenn sie erst beisammen sind!

VOM KRIEGERISCHEN LEHRER

Da war der Lehrer Huber
Der war für den Krieg, für den Krieg.
Wenn er sprach vom Alten Fritzen
Sah man sein Auge blitzen
Aber nie bei Wilhelm Pieck.

Da kam die Waschfrau Schmitten
Die war gegen Dreck, gegen Dreck.
Sie nahm den Lehrer Huber
Und steckt' ihn in den Zuber
Und wusch ihn einfach weg.

EINES NICHT WIE DAS ANDERE

Grün sind die Sträucher
Im Ostergarten
Indes die Pappeln
Am Wasser noch warten.
Dort eine Wolke
Will sich beeilen
Hier eine weiße
Will noch verweilen.

Bruder und Schwester
Waschen die Teller.
Bruder wäscht langsam

Schwester wäscht schneller.
Nur unser Dicker
Tut nicht desgleichen
Sitzt noch am Tische
Und ißt noch sein Breichen.

MAILIED

Am Ersten Mai
Gehn Vater und Mutter in einer Reih
Kämpfen für ein beßres Leben.
Fron und Armut darf's nicht geben:
Da sind wir auch dabei.
  Grün sind die Zweige
  Die Fahne ist rot.
  Nur der Feige
  Duldet Not.

's ist Monat Mai.
Im Acker die Hälmchen stehn Reih an Reih.
Gute Ernte – gutes Leben!
Lasset uns die Hand drauf geben
Daß es die unsere sei.
  Grün sind die Fluren
  Die Fahne ist rot.
  Unser die Arbeit
  Unser das Brot!

ABERGLAUBE

Vierblättriges Kleeblatt
Lieschen fand's am Rain.

Vor Freude es zu haben
Sprang Lieschen übern Graben
Und brach ihr bestes Bein.

Spinnelein am Morgen
Lieschen wurd es heiß.
Der Tag bracht keinen Kummer
Und abends vor dem Schlummer
Bracht Vater Himbeereis.

Der Storch bringt nicht die Kinder.
Die Sieben bringt kein Glück.
Und einen Teufel gibt es nicht
In unsrer Republik.

DIE PAPPEL VOM KARLSPLATZ

Eine Pappel steht am Karlsplatz
Mitten in der Trümmerstadt Berlin
Und wenn Leute gehn übern Karlsplatz
Sehen sie ihr freundlich Grün.

In dem Winter sechsundvierzig
Fror'n die Menschen, und das Holz war rar
Und es fielen da viele Bäume
Und es wurd ihr letztes Jahr.

Doch die Pappel dort am Karlsplatz
Zeigt uns heute noch ihr grünes Blatt:
Seid bedankt, Anwohner vom Karlsplatz
Daß man sie noch immer hat!

LIEDCHEN AUS ALTER ZEIT

(nicht mehr zu singen!)

Eins. Zwei. Drei. Vier.
Vater braucht ein Bier.
Vier. Drei. Zwei. Eins.
Mutter braucht keins.

NACHKRIEGSLIEDCHEN

Tanz, Kreisel, tanz!
Die Straß ist wieder ganz.
Der Vater baut ein großes Haus
Die Mutter sucht die Steine aus.
Tanz, Kreisel, tanz!

Flieg, Drache, flieg!
Am Himmel ist kein Krieg.
Und reißt die Schnur, dann fliegt das Ding
Hoch über Moskau bis Peking.
Flieg, Drache, flieg!

ONKEL EDE

Onkel Ede hat einen Schnurrbart
Der Schnurrbart hat fünf Haar.
Und daß ihm keins verloren geht
Hat jedes einen Namen, klar.

Sie heißen Fritz und Otto
Und Max und Karl und Paul.
Max ist etwas kränklich
Und Fritz ein wenig faul.

NEUE ZEITEN

Es stand ein Werk am Havelstrand
Da war der Herr der Fabrikant.
Die Havel fließet immer noch
So manches am Strand ist anders jedoch.
Das Werk ist volkseigen.
Der Fabrikant muß schweigen.

Es lag ein Gut in Pommerland
Da war der Herr ein Herr von Stand.
Die Gerste wächst dort immer noch.
Sie kommt jetzt in andre Scheuern jedoch.
Die Erde wurd verteilet.
Der Junker ist enteilet.

Der Stier, er kann nichts Rotes sehn.
Da können wir nichts zu sagen.
Die roten Fahnen werden wehn.
Er wird's schon müssen ertragen.
Das Rad der Zeit – zum Glücke
Dreht es sich nicht zurücke.

KINDERHYMNE

Anmut sparet nicht noch Mühe
Leidenschaft nicht noch Verstand
Daß ein gutes Deutschland blühe
Wie ein andres gutes Land.

Daß die Völker nicht erbleichen
Wie vor einer Räuberin
Sondern ihre Hände reichen
Uns wie andern Völkern hin.

Und nicht über und nicht unter
Andern Völkern wolln wir sein
Von der See bis zu den Alpen
Von der Oder bis zum Rhein.

Und weil wir dies Land verbessern
Lieben und beschirmen wir's
Und das liebste mag's uns scheinen
So wie andern Völkern ihrs.

DIE ERZIEHUNG DER HIRSE

(Nach dem Bericht von G. Fisch »Der Mann, der das Unmögliche wahrgemacht hat«)

1

Tschaganak Bersijew, der Nomade
Sohn der freien Wüsteneien im Land Kasakstan
In den Steppen am Fluß Uil, wermutbewachsenen
Ließ er nieder sich und baute Hirse an.

2

Hirse doch war die Nomadenähre
Denn sie liebt die Felder jungfräulich und klein
Scheut nicht Hitze und braucht wenig Saatgut –
Warum sollt es so nicht Hirse sein?

3

Freilich schrie sie ewiglich nach Jäten.
Ach, sie zwang das Volk auf seine Knie
Bis es sie bespie und schrie: Wir werden dich zertreten!
Aber Tschaganak Bersijew war für sie.

4

Und er wässerte den Boden solcherweise:
Um den Räderbrunnen, mühsam aufgestellt
Trieb am Drehpfahl er ein ältliches Kamel im Kreise
Und die Schaufeleimer tränkten ihm ein schmales Feld.

5

Tausend Jahre zogen die Nomaden
Als die Sowjetmacht am Uil stand und erschallt
War in die vier Winde eine Stimme
Und es war die Stimme groß, und sie rief: »Halt!«

6

Erd und Himmel hat es lang gegeben
Doch nun gab es auch noch den Kolchos.
Nicht mehr gab es »mein Feld hier« und »deins daneben«
Und die Felder waren plötzlich groß.
  Alt ist die Steppe am Uil.
  Neu ist die Zeit.
  Das Feuer von gestern
  Braucht ein neues Scheit.

7

Fünfzig Jahre zählte Tschaganak Bersijew
Als er dem Kolchos beitrat, genannt »Kurman«
Nach Kurmanow, Kommissar der Bolschewiki
Der die großen Beis vertreiben half aus Kasakstan.
  Alt ist die Steppe am Uil.
  Neu ist die Zeit.
  Das Feuer von gestern
  Braucht ein neues Scheit.

8

Tschaganak, Aufseher der Bewäss'rung
Wenn er sein Kamel umtrieb, das mürrisch schnob
Eines Dings entsann er sich, gesehn vor Jahren
Eines Dings, das Naphtha aus dem Boden hob.

Alt ist die Steppe am Uil.
Neu ist die Zeit.
Das Feuer von gestern
Braucht ein neues Scheit.

9

Und diktierte, unkundig des Schreibens
Einen Brief zur Sowjetmacht im Namen des Kolchos.
Und kam eine ölmotorgetriebene Pumpe
Die bewässerte ein Feld, sechsmal so groß.
Alt ist die Steppe am Uil.
Neu ist die Zeit.
Das Feuer von gestern
Braucht ein neues Scheit.

10

Doch als der Termin kam der Bewäss'rung
Handelte der Alte ganz nach seiner Art.
Höhnten Nachbarn: »Wir sind fertig, ohne Pumpe!«
Murmelte er: »Oh« und griff sich in den Bart.

11

»Euch bekümmert der Termin und mich die Hirse.
Sie muß trinken können und soviel sie will.
Doch sie soll nicht immer trinken, wenn sie möchte.
Drum steht meine Pumpe noch ein Weilchen still.«

12

»Und wann soll sie trinken?« fragten ihn die Nachbarn.
»Dies Geheimnis«, sprach er, »löste ich für sie.
Ich bewässerte die Felder eins nicht wie das andre

Und dann sah ich nach, wo sie gedieh.«
So wie die Erde ist
Muß die Erde nicht bleiben.
Sie anzutreiben
Forscht, bis ihr wißt!

13

Tags griff er vom Feld die frühsten Ähren
Und saß grübelnd über ihnen nachts zu Haus.
Sonderte der frühsten Ähren schwerste Körner
Und sie säte er im nächsten Jahre aus.
So wie die Erde ist
Muß die Erde nicht bleiben.
Sie anzutreiben
Forscht, bis ihr wißt!

14

Jahr für Jahr so wogen seiner Saaten
Körner schwerer, und viel Volk kam aus ganz Kasakstan
Rat zu holen bei dem einstigen Nomaden
Nunmehr Hirseleiter vom Kolchos Kurman.

15

Kamen Gäste, griff zum Netz der Alte
Ging zum Uil und holte silberschuppigen Fisch.
Denn es lehrt und lernt sich doch bei weitem besser
Hat man etwas Gutes vor sich auf dem Tisch.

16

Schön sind die Gespräche unter Satten!
Und die Kleinen, kriechend durch die Jurte, stören nicht!

Und man trinkt den heißen Thee auf filzernen Matten
Und man raucht, und jeder hört, und jeder spricht!
»Da ist noch viel Thee!«
»Vorsicht! Der Thee ist heiß!«

17

Und man hört und spricht im Aul von Hirse.
»Ich erzieh sie«, sprach der Alte, »wie mein Kind
Bis sie tapfer wie ein Reiter, wie ein Mullah listig
Unschlagbar durch Unkraut, Rauch und Dürrewind.«
»Halt, ein Gast kommt noch!
Rückt mit dem Hintern auf!«

18

Zeigend große, weiße Hirsekörner
Sagt er: »Diese schick ich nunmehr in die Welt.
Durch zwei Sommer gab ich ihnen reichlich Wasser
Jetzt geht's auf ein wasserloses Feld.«
»Lehnt euch zurück, ihr!
Das Mahl ist gut und lang.«

19

»Und nach aber einem Jahre nehme
Abgehärtet und gewitzt davon
Ich zurück des wasserlosen Feldes besten Samen
An die Brust den heimgekehrten Lieblingssohn.«
»Gast, es wird hell drauß!
Dein Gastherr muß aufs Feld!«

Im Frühjahr 1939 rief die Partei der Bolschewiki die Akademie der Wissenschaften und die Kolchose der südöstlichen Republiken zu gemeinsamem Feldzug gegen die Dürre auf.

20

Josef Stalin sprach von Hirse
Zu Mitschurins Schülern, sprach von Dung und Dürrewind.
Und des Sowjetvolkes großer Ernteleiter
Nannt die Hirse ein verwildert Kind.

21

Nicht die Hirse war die Angeklagte
Als die launische Steppentochter ward verhört.
In Lyssenkos Treibhaus, fern in Moskau, sagte
Aus sie, was ihr hilft und was sie stört.

22

Aus fuhr das Geschlecht der Agronomen
In die süd- und östliche Erzeugungsschlacht
Hirsepflanzern zu berichten von der Hirse
Wie man ihr das Blühn und Reifen leichter macht.

23

Daß sie aufgeht in durchwärmtem Boden
Der in Handbreittiefe fünfzehn Grade mißt
Daß sie also nicht gesät sein will nach dem Kalender
Sondern, wenn der Boden fünfzehn Grad warm ist.
    Helft der Geduldigen!
    Helft der Bescheidenen!
    Helft der kräftigen
    Guten Nährerin!

24

Warum man das ganze Feld dem Unkraut lassen
Doch es pflügen soll, vor man die Hirse sät:
Hirse schießt bei fünfzehn Grad empor in drei, vier Tagen
Und das neue Unkraut kommt sodann zu spät.
Helft der Geduldigen!
Helft der Bescheidenen!
Helft der kräftigen
Guten Nährerin!

25

Wie man säen muß: in weit gesetzten Reihen
Denn die Hirse steht nicht gerne dicht.
Mehr als dreimal soviel Ernte gibt sie
Gibt man jedem Halm dreimal soviel an Licht.
Zähmt eure Ungeduld!
Ihr gebt, die geben soll!
Euch hilft williger
Die sich selber hilft!

26

So erging an Kasakstan, Land der Nomaden
Wort und Aufruf der Akademie.
Auf zum Wettkampf forderten sich die Brigaden
Hirse anzubaun wie vordem nie.

27

Und in Aul und Feld, in Schul und Werkstatt
Wurd's an dieses großen Frühlings Morgen reg.
Und Bersijew rief die Hirseleiter der Kolchose
»Rosa Luxemburg« und »Neuer Weg«.

»Hinaus aufs Feld!
Kurz ist der Tag.
Was ihr für Genossen seid
Zeigt der Ertrag!«

28

Daß sie ihn im Wettbewerbe schlügen
Forderte der Alte sie heraus.
Und des Wettkampfs neuen Regeln zu genügen
Teilte er an sie von seinem besten Saatgut aus.
»Hinaus aufs Feld!
Kurz ist der Tag.
Was ihr für Genossen seid
Zeigt der Ertrag!«

29

Und als Mann und Traktor heimgezogen
Im Kolchos Kurman die froh erschöpfte Schar –
Waage und Gewichte holten sie und wogen
Fünfundzwanzig Doppelzentner pro Hektar.

30

Zehnmal mehr war's als in frühren Jahren.
All den Winter, um die Ofenglut geschart
Lobten sie im Aul Bersijews Hirsearten.
Doch der Alte sann auf eine neue Art.
Träume! Goldnes Wenn!
Sieh die schöne Flut der Ähren steigen!
Säer, nenn
Was du morgen schaffst, schon heut dein Eigen!

31

Winter wurde Frühling, Mensch und Traktor zogen
Aus zu neuem Wettkampf, und in diesem Jahr
Brachte ein Korn siebenhundert Körner, und sie wogen
Siebenundachtzig Doppelzentner pro Hektar.

32

Tschaganak Bersijew kam nach Moskau
Als die Sowjetmacht den Leninorden ihm verlieh
Vor Mitschurins Schülern saß der einstige Nomade
Freundlich in der Wissenschaft Akademie.

33

Und sie fragten ihn nach vielem, und er sagte
Während er den Bart sich strich:
»Kommt in unsern Aul und fragt die Nachbarn:
Mancher, der von mir gelernt, ist besser schon als ich!«

34

Und er fragte sie die erste Frage:
Was die Grenze des Ertrages eines Feldes war?
Und die Antwort war: An einem fernen Tage
Sind es wohl zweihundert Doppelzentner pro Hektar.
  Träume! Goldnes Wenn!
  Sieh die schöne Flut der Ähren steigen!
  Säer, nenn
  Was du morgen schaffst, schon heut dein Eigen!

35

»Wenn ich vor und nach der Saat den Boden walze
Ist es da nicht um die Feuchte schad?«
»Nicht, wo heftige Winde wehn! Dein zweites Walzen
Bringt die Feuchte näher an die Saat.«
Träume! Goldnes Wenn!
Sieh die schöne Flut der Ähren steigen!
Säer, nenn
Was du morgen schaffst, schon heut dein Eigen!

36

»Euer Agronom empfiehlt, mit Mist zu düngen.
's ist nicht sauber, denken wir.« – »Weil ihr Nomaden
wart!
Ziehend sätet ihr auf nie bebauter Erde
Und wo konntet ihr den Schafmist speichern auf der
Fahrt?«

37

Wieder war es Frühling. Mensch und Traktor zogen
Aus, versehn mit neuen Künsten für ein neues Jahr.
Und es stieg die Flut der Ähren, und sie wogen
Hundertfünfundfünfzig Doppelzentner pro Hektar.

Im Sommer des Jahres 1941 fielen die Armeen Hitler-Deutschlands in die Gebiete der friedlichen Sowjetunion ein. Die Hirse wurde die Grundlage der Soldatenkost der Roten Armee.

38

Und das Heer des Dummkopfs und des Schlächters
Wütete vor Leningrad, doch durch verschneiten Tann

Rollten nächtlich Güterzüge voller Hirse
Dem Geschenk aus Kasakstan.

39

Staunend standen seine Delegierten
In dem nie gesehnen Wald, und nachts im Dorfklub sprach
Tschaganak Bersijew zu den Rotarmisten
Und es kam, daß ihm die Stimme brach.

40

»Kämpfet ruhig auf der eisbedeckten Erde.
Sorgen werden wir für euch; es hilft der Pflug dem
Schwert.
Auf dem Feld die Weiber haben Kraft gewonnen
Und uns Greisen ist die Kraft zurückgekehrt.«

41

Er versprach in der Kolchose Namen
Hirse für das Heer. Und Hirse säte Kasakstan.
Viele aber säten aus Bersijews Samen
Alle wandten Künste von ihm an.

42

Doch der Alte plante großes Beispiel.
All den Winter las die Gruppe Körner so
Daß im Saatgut tausend Körner 8 Gramm wogen
Und sie wogen 5 Gramm anderswo!
»Wo ist Hirsebrei?« fragen die Soldaten.
»Hier kommt Hirse. Sie ist gut geraten«
Sagen die Kolchosbrigaden.
»Jeder kämpfe jetzt für zwei.«

43

Altes Weidland wählten sie im Frühling
Sorgsam pflügten sie's zwei Handbreit tief
Legten kreuz und quer ein Netz von Gräblein und von Dämmlein
Daß um jedes Hirseviereck Wasser lief.
»Wo ist Hirsebrei?« fragen die Soldaten.
»Hier kommt Hirse. Sie ist gut geraten«
Sagen die Kolchosbrigaden.
»Jeder kämpfe jetzt für zwei.«

44

Nach dem Wässern sah der Alte, und er machte
Es in Abend- oder Morgenkühle, auf der Hut
Vor zu gierigem Trinken in der Hitze. Sachte
Trinkt man in der Kühle, sprach er, da ist's gut.
»Wo ist Hirsebrei?« fragen die Soldaten.
»Hier kommt Hirse. Sie ist gut geraten«
Sagen die Kolchosbrigaden.
»Jeder kämpfe jetzt für zwei.«

45

Zweimal düngten sie das Feld mit Schafmist
Wie bis dahin im Kolchos noch nie
Und der Alte tat es selbst und tat es mürrisch
Doch zu Ehren der Akademie.
»Wo ist Hirsebrei?« fragen die Soldaten.
»Hier kommt Hirse. Sie ist gut geraten«
Sagen die Kolchosbrigaden.
»Jeder kämpfe jetzt für zwei.«

46

Regimenter messen sich nun mit Kolchosen
Als der Vaterländsche Wettkampf so entbrennt.
Und Kolchos steht mit Kolchos im Wettkampf
Und im Wettkampf Regiment mit Regiment.

47

Aber als es Sommer wurde und der Alte
Übers Feld ritt, jetzt zu alt zum Gehn
War's, als schwamm er durch die Hirse, denn in
ihrem Meere
War das Steppenpferdlein nicht zu sehn.

48

Gegen Hitler kämpfte Mensch und Ähre
Auf den einstens baren Steppen mit.
Vorwärts rückten die Befreierheere
Und die Hirse folgte liebend ihrem Schritt.

49

Daß sie aus dem schönen Feld den Kriegswolf jagen
Und zum letzten Horizonte reich' das Feld!
Ähren soll die Erde tragen.
Friedlich, fröhlich sei die Welt!
Tod den Faschisten!
Jätet das Unkraut aus!

50

Und im dreiundvierziger Jahr, im Kursker Bogen
Ward das Naziheer geschlagen ganz und gar.
Und sie holten in Kurman die Waagen, und sie wogen
Zweihundertundeinen Doppelzentner pro Hektar.
  Alt ist die Steppe am Uil.
  Neu ist die Zeit.
  Das alte Feuer
  Braucht ein neues Scheit.

51

Laßt uns so mit immer neuen Künsten
Ändern dieser Erde Wirkung und Gestalt
Fröhlich messend tausendjährige Weisheit
An der neuen Weisheit, ein Jahr alt.
  Träume! Goldnes Wenn!
  Laß die schöne Flut der Ähren steigen!
  Säer, nenn
  Was du morgen schaffst, schon heut dein Eigen!

52

Tschaganak Bersijew, der Nomade
Liegt begraben, wo er seine erste Erde brach.
Und ein Meer von Hirse schwankt alljährlich um sein Grabmal:
Er vergab das Saatgut. Lebt ihm nach!

DIE MEISTER KAUFEN BILLIG EIN

Die Bühnenbilder und Kostüme des großen Neher
Sind gemacht aus billigen Stoffen:
Aus Holz, Rupfen und Farbe
Macht er die baskische Fischerhütte
Und das cäsarische Rom.

So macht meine Freundin aus einem Lächeln
Das sie auf dem Fischmarkt für nichts kriegt
Und das sie wegschenkt wie Fischschuppen
Wenn sie will, ein Ereignis
Das Laotse korrumpiert hätte.

LIEBESLIEDER

I

Als ich nachher von dir ging
An dem großen Heute
Sah ich, als ich sehn anfing
Lauter lustige Leute.

Und seit jener Abendstund
Weißt schon, die ich meine
Hab ich einen schönern Mund
Und geschicktere Beine.

Grüner ist, seit ich so fühl
Baum und Strauch und Wiese
Und das Wasser schöner kühl
Wenn ich's auf mich gieße.

II

Lied einer Liebenden

Wenn du mich lustig machst
Dann denk ich manchmal:
Jetzt könnt ich sterben
Dann blieb ich glücklich
Bis an mein End.

Wenn du dann alt bist
Und du an mich denkst
Seh ich wie heut aus
Und hast ein Liebchen
Das ist noch jung.

III

Sieben Rosen hat der Strauch
Sechs gehör'n dem Wind
Aber eine bleibt, daß auch
Ich noch eine find.

Sieben Male ruf ich dich
Sechsmal bleibe fort
Doch beim siebten Mal, versprich
Komme auf ein Wort.

IV

Die Liebste gab mir einen Zweig
Mit gelbem Laub daran.

Das Jahr, es geht zu Ende
Die Liebe fängt erst an.

BITTEN DER KINDER

Die Häuser sollen nicht brennen.
Bomber sollt man nicht kennen.
Die Nacht soll für den Schlaf sein.
Leben soll keine Straf sein.
Die Mütter sollen nicht weinen.
Keiner sollt müssen töten einen.
Alle sollen was bauen
Da kann man allen trauen.
Die Jungen sollen's erreichen.
Die Alten desgleichen.

ANGEBOT

Rose und Lattich
Und hinter den Apfelzweigen
Die neue Siedlung –
Wenn ihr nur kämt! –
Könnten wir euch zeigen.

Die Öfen bei Siemens Plania
Und die neuen Dynamohallen
Würden euch auch gefallen.

Und das Ulbrichtstadion
Und der Erste Mai
Und wenn Ernst Busch singt –
Wärt ihr nur dabei!

ABER DAS NEUE MUSS ALTES BEZWINGEN

Aber das Neue muß Altes bezwingen
Anders sind immer die Wellen im Rhein.
Und wir werden ein Deutschland erringen
Und es wird neu und ein anderes sein.

FRIEDENSLIED

(Frei nach Neruda)

Friede auf unserer Erde!
Friede auf unserem Feld!
Daß es auch immer gehöre
Dem, der es gut bestellt!

Friede in unserem Lande!
Friede in unserer Stadt.
Daß sie den gut behause
Der sie gebauet hat!

Friede in unserem Hause!
Friede im Haus nebenan!
Friede dem friedlichen Nachbarn
Daß jedes gedeihen kann!

Friede dem Roten Platze!
Und dem Lincolnmonument!
Und dem Brandenburger Tore
Und der Fahne, die drauf brennt!

Friede den Kindern Koreas!
Und den Kumpels an Neiße und Ruhr!
Friede den New Yorker Schoffören
Und den Kulis von Singapore!

Friede den deutschen Bauern!
Und den Bauern im Großen Banat!
Friede den guten Gelehrten
Eurer Stadt Leningrad!

Friede der Frau und dem Manne!
Friede dem Greis und dem Kind!
Friede der See und dem Lande
Daß sie uns günstig sind!

AUF EINEN CHINESISCHEN THEEWURZELLÖWEN

Die Schlechten fürchten deine Klaue.
Die Guten freuen sich deiner Grazie.
Derlei
Hörte ich gern
Von meinem Vers.

LIED VOM GLÜCK

Das Schiff läuft durch die Flut
Der Schiffer träumt vom Land
Er sieht viel goldene Häuser stehn
Am blassen Himmelsrand.
    Bewacht die Feuer im Kessel
    Steuert und rechnet gut
    Daß ihr durch alle die Stürme
    Kommt über alle die Flut!

Und wie der Schiffer träumt
Von einer guten Stadt

So wissen wir, daß jedes Meer
Doch eine Küste hat.
  Drum rührt geschäftig die Hände
  Legt euer Herz hinein
  Will doch das Glück erst erkämpft sein
  Kommt es doch nicht von allein.

Die Arbeit ist nicht Fluch
Für die nicht Sklaven sind
Ist Milch und Tuch und Schuh und Buch
Und wie dem Segler Wind.
  Das Werk, es will euch beschenken
  Ruft euch und ist bereit
  Müßt für es schaffen und denken
  Daß es euch wächst und gedeiht.

Das Kind liegt in der Wiegn
Es ruft zur Mittagstund
Muß Milch und Weißbrot kriegn
Da wird es groß und rund.
  Das Kind, es kann nicht klein bleiben
  Auch wenn es selber wollt
  Das ist, warum es so laut ruft
  Daß ihr ihm Milch geben sollt.

Der Setzling wird ein Baum.
Der Grundstein wird ein Haus.
Und haben wir erst Haus und Baum
Wird Stadt und Garten draus.
  Und weil uns unsere Mütter
  Nicht für das Leid geborn
  Haben wir alle gemeinsam
  Glücklich zu leben geschworn.

LIESCHEN UND GRETCHEN AM BRUNNEN *

Aus dem Brunnen schöpft Lieschen
Wasser am Morgen. Gretchen kommt
Trällernd und setzt die Eimer ab.

Für beide hat der Brunnen Wasser.
Für alle hat ein Brunnen Wasser.

Sitzend auf dem Brunnenrand hört Gretchen
Aus Lieschens Mund die Geschichte vom
Bärbelchen und ihrem treulosen Buhlen.

Lieschen erzählet es schnippisch
Da sie die Eimer sich füllet, daß
Bärbelchen zwei füttert, wenn sie
Ißt nun und trinkt. Im Wasser
Des Brunnens betrachtet ihr Spiegelbild
Eitel die Schadenfrohe.

Gretchen darf Bärbelchen nicht bedauern.
Die Reih ist an ihr. Sie schöpft Wasser.
Gehet von dannen mit einem Blick
Auf ihre Fußspitzen.

ACH, NEIGE DU SCHMERZENSREICHE

In ihrer Kammer, vor dem sehr kleinen
Madonnenbild kniet die Geängstigte
Kniet die Beladene, kniet
Die gepeinigte große Sünderin

* Dies und das folgende Gedicht schrieb Brecht anläßlich der Inszenierung von Goethes »Urfaust« (Berliner Ensemble 1952).

Hat zu Marie die Verzweifelte
Nochmals die Hände erhoben. Solches
Tat sie von Kindesbeinen an, immer
Wann sie in Drangsal und Not war.

Und die Gequälte bittet Marie, die milde
Treffliche Fürsprecherin, um Rettung vor Schmach
Und Tod. Selbst reich an Schmerzen brach sie
Der Schmerzensreichen die Blumen am Morgen.

Tonlos betet die Geschlagene also.
Kein Klingen im Gebet, wie im Herzen
Kein Hoffen mehr auf Marie
Zu der sie betet, ein Brauch von alters her.

GLÜCKLICHE BEGEGNUNG

An den Junisonntagen im Junggehölz
Hören die Himbeersucher vom Dorfe
Lernende Frauen und Mädchen der Fachschule
Aus ihren Lehrbüchern laut Sätze lesen
Über Dialektik und Kinderpflege.

Von den Lehrbüchern aufblickend
Sehen die Schülerinnen die Dörfler
Von den Sträuchern die Beeren lesen.

ZU DEM STÜCK »VOLPONE«

O VENEZIA!

O Venezia, Stadt der Träume
Die du reich machst deine ärmsten Kinder
Mit der Weiße deiner Tauben
Und der Bläue deiner Himmel!

O Venezia, Stadt der Träume
Die du stirbst und hast für deine Kinder
Und für all ihr goldnes Nichtstun
Nur das Meersalz und die Feige!

O Venezia, Stadt der Träume
Fremde eilen her und sehn dich sterben
Sehn die Tauben, sehn die Himmel
Und wir, deine Kinder, erben.

LIED DER MAGD

Ja, ich bin in ihn verschossen!
Nichts, was ich ihm, ach, verwehrte!
Alles hat er, ach, genossen
Bis die Schlampe ihn begehrte.
Hat sie das? Und das? Und das? So frug ich.
Doch der aller Scham und Sitte Bare
Lachen tut er! Und jetzt weiß genug ich:
Sie hat nichts. Doch hat sie die Denare!
    Hol der Teufel ihn und die Megäre!
    Wenn ich nur nicht so in ihn verschossen wäre!

Schön, ich bin in dich verschossen
Aber soll sie lachen meiner?
Hab ich Tränen, ach, vergossen –
Daß ich zahlte, das sagt keiner!
Red der Schlampe jetzt nur nach dem Mund noch!
Aber mach sie besser doch nicht lachen
Denn sonst siehst du armer Hund doch
Auch das viele Gold in ihrem Rachen!
  Hol der Teufel dich und die Megäre!
  Wenn ich nur nicht so in ihn verschossen wäre!

DIE STIMME DES OKTOBERSTURMS

Die Stimme des Oktobersturms
Um das kleine Haus am Schilf
Kommt mir ganz vor wie meine Stimme.
Bequem
Liege ich auf der Bettstatt und höre
Über dem See und der Stadt
Meine Stimme.

DER MANN, DER MICH AUFNAHM

Der Mann, der mich aufnahm
Hat sein Haus verloren.
Dem, der für mich spielte
Sein Instrument wurde ihm weggenommen.

Wird er jetzt sagen:
Ich bin der Tödliche
Oder: die ihm alles nahmen
Die sind tödlich?

AN EINEN JUNGEN BAUARBEITER DER STALINALLEE

Deine Allee hat noch keine Bäume

Ich weiß nicht, woher du es nehmen sollst, was ich von dir
Verlange

Dem Mann, der mit dir feilscht um
Sag ihm: ich weiß, was du willst, für den Staat
der Arbeiter ist

Jeder Pfennig so viel wie für mich. Aber feilsche nicht zu
lang
Mit mir. Ich weiß es auch.

Dem, der dich anschreit, sag:
Leiser, Freund! Das höre ich besser.

Dem, der das Kommando gibt, sag:
Kommando muß sein, bei so vielen, in so großen
Unternehmungen
Mit so wenig Zeit
Aber kommandiere so
Daß ich mich selber mitkommandiere!
erkundige dich, was da ist
Wenn du etwas forderst, Genosse

Fragment

GLÜCKLICHER VORGANG

Das Kind kommt gelaufen
Mutter, binde mir die Schürze!
Die Schürze wird gebunden.

UNGLÜCKLICHER VORGANG

Hier ist ein Haus, das für euch gebaut ist.
Es ist weit. Es ist dicht.
Es ist gut für euch, tretet ein.
Zögernd nähern sich
Zimmerleute und Maurer
Klempner und Glaser.

INSCHRIFT FÜR DAS HOCHHAUS AN DER WEBERWIESE

Als wir aber dann beschlossen
Endlich unsrer eignen Kraft zu traun
Und ein schönres Leben aufzubaun
Haben Kampf und Müh uns nicht verdrossen.

DU BIST ERSCHÖPFT VON LANGER ARBEIT

Du bist erschöpft von langer Arbeit
Der Redner wiederholt sich
Er spricht lang, er spricht mühsam
Vergiß nicht, Müder:
Er spricht die Wahrheit.

DEUTSCHLAND 1952

O Deutschland, wie bist du zerrissen
Und nicht mit dir allein!
In Kält' und Finsternissen
Läßt eins das andre sein.
Und hätt'st so schöne Auen
Und reger Städte viel;
Tät'st du dir selbst vertrauen
Wär alles Kinderspiel.

DAS BROT DES VOLKES

Die Gerechtigkeit ist das Brot des Volkes.
Es ist manchmal reichlich, es ist manchmal karg.
Es schmeckt manchmal gut, es schmeckt manchmal
schlecht.

Wenn das Brot karg ist, herrscht Hunger.
Wenn das Brot schlecht ist, herrscht Unzufriedenheit.

Weg mit der schlechten Gerechtigkeit!
Der lieblos gebackenen, der kenntnislos gekneteten!
Der Gerechtigkeit ohne Würze, deren Kruste grau ist!
Der altbackenen Gerechtigkeit, die zu spät kommt!

Wenn das Brot gut und reichlich ist
Kann der Rest der Mahlzeit verziehen werden.
Nicht alles kann es gleich in Fülle geben.
Vom Brot der Gerechtigkeit genährt
Kann die Arbeit geleistet werden
Von der die Fülle kommt.

Wie das tägliche Brot nötig ist
Ist die tägliche Gerechtigkeit nötig.
Ja, sie ist nötig mehrmals am Tage.

Von früh bis spät, bei der Arbeit, beim Vergnügen.
Bei der Arbeit, die ein Vergnügen ist.
In den harten Zeiten und in den fröhlichen
Braucht das Volk das reichliche, bekömmliche
Tägliche Brot der Gerechtigkeit.

Da also das Brot der Gerechtigkeit so wichtig ist
Wer, Freunde, soll es backen?

Wer bäckt das andere Brot?

So wie das andere Brot
Muß das Brot der Gerechtigkeit
Vom Volk gebacken werden.

Reichlich, bekömmlich, täglich.

NICHT FESTSTELLBARE FEHLER DER KUNSTKOMMISSION

Geladen zu einer Sitzung der Akademie der Künste
Zollten die höchsten Beamten der Kunstkommission
Dem schönen Brauch, sich einiger Fehler zu zeihen
Ihren Tribut und murmelten, auch sie
Zeihten sich einiger Fehler. Befragt
Welcher Fehler, freilich konnten sie sich
An bestimmte Fehler durchaus nicht erinnern. Alles, was
Ihnen das Gremium vorwarf, war
Gerade nicht ein Fehler gewesen, denn unterdrückt
Hatte die Kunstkommission nur Wertloses, eigentlich auch
Dies nicht unterdrückt, sondern nur nicht gefördert.
Trotz eifrigsten Nachdenkens
Konnten sie sich nicht bestimmter Fehler erinnern, jedoch
Bestanden sie heftig darauf
Fehler gemacht zu haben – wie es der Brauch ist.

DAS AMT FÜR LITERATUR

Das Amt für Literatur mißt bekanntlich den Verlagen
Der Republik das Papier zu, soundso viele Zentner
Des seltenen Materials für willkommene Werke.
Willkommen
Sind Werke mit Ideen
Die dem Amt für Literatur aus den Zeitungen bekannt sind.
Diese Gepflogenheit
Müßte bei der Art unserer Zeitungen
Zu großen Ersparnissen an Papier führen, wenn
Das Amt für Literatur für eine Idee unserer Zeitungen
Immer nur ein Buch zuließe. Leider
Läßt es so ziemlich alle Bücher in Druck gehn, die eine Idee
Der Zeitungen verarzten.

So daß
Für die Werke manches Meisters
Dann das Papier fehlt.

NICHT SO GEMEINT

Als die Akademie der Künste von engstirnigen Behörden
Die Freiheit des künstlerischen Ausdrucks forderte
Gab es ein Au! und Gekreisch in ihrer näheren Umgebung
Aber alles überschallend
Kam ein betäubendes Beifallsgeklatsche
Von jenseits der Sektorengrenze.

Freiheit! erscholl es. Freiheit den Künstlern!
Freiheit rings herum! Freiheit für alle!
Freiheit den Ausbeutern! Freiheit den Kriegstreibern!
Freiheit den Ruhrkartellen! Freiheit den Hitlergenerälen!
Sachte, meine Lieben!

Dem Judaskuß für die Arbeiter
Folgt der Judaskuß für die Künstler.
Der Brandstifter, der die Benzinflasche schleppt
Nähert sich feixend
Der Akademie der Künste.

Aber nicht, um ihn zu umarmen, sondern
Ihm aus der schmutzigen Hand die Flasche zu schlagen
Forderten wir die Freiheit des Ellbogens.
Selbst die schmalsten Stirnen
In denen der Friede wohnt
Sind den Künsten willkommener als jener Kunstfreund
Der auch Freund der Kriegskunst ist.

BUCKOWER ELEGIEN

Ginge da ein Wind
Könnte ich ein Segel stellen.
Wäre da kein Segel
Machte ich eines aus Stecken und Plane.

DER RADWECHSEL

Ich sitze am Straßenrand
Der Fahrer wechselt das Rad.
Ich bin nicht gern, wo ich herkomme.
Ich bin nicht gern, wo ich hinfahre.
Warum sehe ich den Radwechsel
Mit Ungeduld?

DER BLUMENGARTEN

Am See, tief zwischen Tann und Silberpappel
Beschirmt von Mauer und Gesträuch ein Garten
So weise angelegt mit monatlichen Blumen
Daß er vom März bis zum Oktober blüht.

Hier, in der Früh, nicht allzu häufig, sitz ich
Und wünsche mir, auch ich mög allezeit
In den verschiedenen Wettern, guten, schlechten
Dies oder jenes Angenehme zeigen.

DIE LÖSUNG

Nach dem Aufstand des 17. Juni
Ließ der Sekretär des Schriftstellerverbands
In der Stalinallee Flugblätter verteilen

Auf denen zu lesen war, daß das Volk
Das Vertrauen der Regierung verscherzt habe
Und es nur durch verdoppelte Arbeit
Zurückerobern könne. Wäre es da
Nicht doch einfacher, die Regierung
Löste das Volk auf und
Wählte ein anderes?

GROSSE ZEIT, VERTAN

Ich habe gewußt, daß Städte gebaut wurden
Ich bin nicht hingefahren.
Das gehört in die Statistik, dachte ich
Nicht in die Geschichte.

Was sind schon Städte, gebaut
Ohne die Weisheit des Volkes?

BÖSER MORGEN

Die Silberpappel, eine ortsbekannte Schönheit
Heut eine alte Vettel. Der See
Eine Lache Abwaschwasser, nicht rühren!
Die Fuchsien unter dem Löwenmaul billig und eitel.
Warum?
Heut nacht im Traum sah ich Finger, auf mich deutend
Wie auf einen Aussätzigen. Sie waren zerarbeitet und
Sie waren gebrochen.

Unwissende! schrie ich
Schuldbewußt.

GEWOHNHEITEN, NOCH IMMER

Die Teller werden hart hingestellt
Daß die Suppe überschwappt.
Mit schriller Stimme
Ertönt das Kommando: Zum Essen!

Der preußische Adler
Den Jungen hackt er
Das Futter in die Mäulchen.

HEISSER TAG

Heißer Tag. Auf den Knien die Schreibmappe
Sitze ich im Pavillon. Ein grüner Kahn
Kommt durch die Weide in Sicht. Im Heck
Eine dicke Nonne, dick gekleidet. Vor ihr
Ein ältlicher Mensch im Schwimmanzug,
wahrscheinlich ein Priester.
An der Ruderbank, aus vollen Kräften rudernd
Ein Kind. Wie in alten Zeiten! denke ich
Wie in alten Zeiten!

DIE WAHRHEIT EINIGT

Freunde, ich wünschte, ihr wüßtet die Wahrheit
und sagtet sie!
Nicht wie fliehende müde Cäsaren: Morgen kommt Mehl!
So wie Lenin: Morgen abend
Sind wir verloren, wenn nicht ...
So wie es im Liedlein heißt:

»Brüder, mit dieser Frage
Will ich gleich beginnen:
Hier aus unsrer schweren Lage
Gibt es kein Entrinnen.«
Freunde, ein kräftiges Eingeständnis
Und ein kräftiges WENN NICHT!

DER RAUCH

Das kleine Haus unter Bäumen am See.
Vom Dach steigt Rauch.
Fehlte er
Wie trostlos dann wären
Haus, Bäume und See.

EISEN

Im Traum heute Nacht
Sah ich einen großen Sturm.
Ins Baugerüst griff er
Den Bauschragen riß er
Den eisernen, abwärts.
Doch was da aus Holz war
Bog sich und blieb.

TANNEN

In der Frühe
Sind die Tannen kupfern.
So sah ich sie

Vor einem halben Jahrhundert
Vor zwei Weltkriegen
Mit jungen Augen.

DER EINARMIGE IM GEHÖLZ

Schweißtriefend bückt er sich
Nach dem dürren Reisig. Die Stechmücken
Verjagt er durch Kopfschütteln. Zwischen den Knieen
Bündelt er mühsam das Brennholz. Ächzend
Richtet er sich auf, streckt die Hand hoch, zu spüren
Ob es regnet. Die Hand hoch
Der gefürchtete SS-Mann.

VOR ACHT JAHREN

Da war eine Zeit
Da war alles hier anders.
Die Metzgerfrau weiß es.
Der Postbote hat einen zu aufrechten Gang.
Und was war der Elektriker?

RUDERN, GESPRÄCHE

Es ist Abend. Vorbei gleiten
Zwei Faltboote, darinnen
Zwei nackte junge Männer: Nebeneinander rudernd
Sprechen sie. Sprechend
Rudern sie nebeneinander.

BEIM LESEN DES HORAZ

Selbst die Sintflut
Dauerte nicht ewig.
Einmal verrannen
Die schwarzen Gewässer.
Freilich, wie wenige
Dauerten länger!

LAUTE

Später, im Herbst
Hausen in den Silberpappeln große Schwärme von
Krähen
Aber den ganzen Sommer durch höre ich
Da die Gegend vogellos ist
Nur Laute von Menschen rührend.
Ich bin's zufrieden.

BEI DER LEKTÜRE EINES SOWJETISCHEN BUCHES

Die Wolga, lese ich, zu bezwingen
Wird keine leichte Aufgabe sein. Sie wird
Ihre Töchter zu Hilfe rufen, die Oka, Kama, Unscha,
Wjetluga
Und ihre Enkelinnen, die Tschussowaja, die Wjatka.
Alle ihre Kräfte wird sie sammeln, mit den Wassern aus
siebentausend Nebenflüssen
Wird sie sich zornerfüllt auf den Stalingrader Staudamm
stürzen.
Dieses erfinderische Genie, mit dem teuflischen Spürsinn
Des Griechen Odysseus, wird alle Erdspalten ausnützen
Rechts ausbiegen, links vorbeigehn, unterm Boden

Sich verkriechen – aber, lese ich, die Sowjetmenschen
Die sie lieben, die sie besingen, haben sie
Neuerdings studiert und werden sie
Noch vor dem Jahre 1958
Bezwingen.
Und die schwarzen Gefilde der Kaspischen Niederung
Die dürren, die Stiefkinder
Werden es ihnen mit Brot vergüten.

DER HIMMEL DIESES SOMMERS

Hoch über dem See fliegt ein Bomber.
Von den Ruderbooten auf
Schauen Kinder, Frauen, ein Greis. Von weitem
Gleichen sie jungen Staren, die Schnäbel aufreißend
Der Nahrung entgegen.

DIE KELLE

Im Traum stand ich auf einem Bau. Ich war
Ein Maurer. In der Hand
Hielt ich eine Kelle. Aber als ich mich bückte
Nach dem Mörtel, fiel ein Schuß
Der riß mir von meiner Kelle
Das halbe Eisen.

DIE MUSEN

Wenn der Eiserne sie prügelt
Singen die Musen lauter.
Aus gebläuten Augen

Himmeln sie ihn hündisch an.
Der Hintern zuckt vor Schmerz
Die Scham vor Begierde.

BEI DER LEKTÜRE EINES SPÄTGRIECHISCHEN DICHTERS

In den Tagen, als ihr Fall gewiß war –
Auf den Mauern begann schon die Totenklage
Richteten die Troer Stückchen grade, Stückchen
In den dreifachen Holztoren, Stückchen.
Und begannen Mut zu haben und gute Hoffnung.

Auch die Troer also.

JAKOBS SÖHNE ZIEHEN AUS, IN ÄGYPTENLAND LEBENSMITTEL ZU HOLEN

Vater, warum sprichst du nicht?
Die Esel scharren schon.
Wir gehn die Hände schütteln
Mit deinem andern Sohn.

Gebt ihr ihm die Hand
Steckt sie schnell wieder ein:
Euer Bruder in Ägyptenland
Wird ein Ägypter sein.

Vater, warum lachst du nicht?
Wolle nicht bitter sein!
Mehl gibt leckere Kuchen
Und süß schmeckt der Wein.

Für ein Fäßlein Wein
Für ein Säcklein Mehl
Ward mancher schon ein Kriegsknecht
Verkauft war Leib und Seel.

HÖRE BEIM REDEN!

Sag nicht zu oft, du hast recht, Lehrer!
Laß es den Schüler erkennen!
Strenge die Wahrheit nicht allzu sehr an:
Sie verträgt es nicht.
Höre beim Reden!

Fragment

FRAGE

Wie soll die große Ordnung aufgebaut werden
Ohne die Weisheit der Massen? Unberatene
Können den Weg für die vielen
Nicht finden.

Ihr großen Lehrer
Wollet hören beim Reden!

BEIM ANHÖREN VON VERSEN

Beim Anhören von Versen
Des todessüchtigen Benn
Habe ich auf Arbeitergesichtern einen Ausdruck gesehen
Der nicht dem Versbau galt und kostbarer war
Als das Lächeln der Mona Lisa.

HA! HA! HA! LACHTEN DIE KUNDEN DES SOKRATES

Ha! ha! ha! lachten die Kunden des Sokrates
Aber eines der drei Ha's
Gab ihm zu denken.

Die Pyramide von Cheops hat elf Fehler
Die Bibel unzählige
Und die Newtonische Physik
Ist voll des Aberglaubens.

Die Liebespaare, heimkehrend vom Kino
Könnten in dem oder jenem
Romeo und Julia belehren

Und der Vater des Azdak
Verblüffte den Sohn oftmals.

NICHT IN DIE SCHLACHT WIRF, FELDHERR, ALLE!

1

Nicht in die Schlacht wirf
Feldherr, alle! Einige
Laß das Fleisch einholen
Und wenn
Einer dir in den Himmel schaut:
Auch dann
Schaff uns den Sieg!

2

Am Abend nach der Schlacht –
Es war alles verloren –
Zeigte ein Soldat dem großen Alexander
Ihn am Leben zu halten
Eine Wachtel im Gesträuch.

Um das Leben zu schätzen
Meinte der Soldat
Genügt ein Stück Käse.

3

Ohne zu rechnen
Die gelben frühen, neugedruckten Bücher
Das Autofahren, Fliegen, Blumenpflanzen
Die abendlichen Berge, nicht gesehenen Städte
Die Männer, die Frauen.

RICHTIGSTELLUNG

Der Krieg wird nicht unnötig
Wenn er nicht geführt wird
Sondern nur, wenn er unnötig ist
Braucht er nicht geführt zu werden.

ACH, WIE SOLLEN WIR DIE KLEINE ROSE BUCHEN?

Ach, wie sollen wir die kleine Rose buchen?
Plötzlich dunkelrot und jung und nah?
Ach, wir kamen nicht, sie zu besuchen
Aber als wir kamen, war sie da.

Eh sie da war, ward sie nicht erwartet.
Als sie da war, ward sie kaum geglaubt.
Ach, zum Ziele kam, was nie gestartet.
Aber war es so nicht überhaupt?

ZUM EINZUG DES »BERLINER ENSEMBLE« IN DAS THEATER AM SCHIFFBAUERDAMM

Theater spieltet ihr in Trümmern hier
Nun spielt in schönem Haus, nicht nur zum Zeitvertreibe.
Aus euch und uns ersteh ein friedlich WIR
Damit dies Haus und manches andre stehen bleibe!

THEATER

Ins Licht treten
Die Treffbaren, die Erfreubaren
Die Änderbaren.

ACH, NUR DER FLÜCHTIGE BLICK

»Ach, nur der flüchtige Blick
Sah sie genau
War nur durch solchen Trick
Mann meiner Frau.«

»Nur im Vorübergehn
Hatt' ich ihn ganz
War doch, fast unbesehn
Frau meines Manns.«

Haben die Zeit vertan
Bis uns die Zeit getrennt
Und, schon den Mantel an
Uns dann umarmt am End.

AN EINE MITARBEITERIN, DIE WÄHREND DER SOMMERFERIEN IM THEATER ZURÜCKGEBLIEBEN IST

Über den Hof seh ich dich gehen ins Haus
Der Dramaturgie und, die Stiegen hoch, ins Gelaß, wo
Unterm Plakat des Genossen Picasso in blauem Tabakrauch
Rollen verteilt und Texte gestrichen und neue Proben
Angesetzt werden, während das Telefon
Ewig doch klingelt. Ich folge dir
Auch in die Räume des Fotografen und sehe dich
Bilder holen für Frankreich und wieder
Gehe ich mit dir über den Hof und betrachte die Bühne
Wo die Maurer jetzt wohl die lästigen Ecken abhauen
Platz zu schaffen dem neuen Rundhorizont für
Coriolan und mit Staub bedeckend die Stelle, wo
Der Stuhl des Azdak steht.

1954: ERSTE HÄLFTE

Ohne schwere Krankheit, ohne schwere Feindschaft.
Genug Arbeit.
Und ich bekam meinen Teil von den neuen Kartoffeln
Den Gurken, den Spargeln, den Erdbeeren.
Ich sah den Flieder in Buckow, den Marktplatz von Brügge
Die Grachten in Amsterdam, die Hallen von Paris.
Ich genoß die Freundlichkeiten der lieblichen A. T.
Ich las die Briefe des Voltaire und Maos Aufsatz über den
Widerspruch.
Ich machte den Kreidekreis am Schiffbauerdamm.

VERGNÜGUNGEN

Der erste Blick aus dem Fenster am Morgen
Das wiedergefundene alte Buch
Begeisterte Gesichter
Schnee, der Wechsel der Jahreszeiten
Die Zeitung
Der Hund
Die Dialektik
Duschen, Schwimmen
Alte Musik
Bequeme Schuhe
Begreifen
Neue Musik
Schreiben, Pflanzen
Reisen
Singen
Freundlich sein.

GLEICHKLANG

Bidi in Peking
Im Allgäu Bie
Guten, sagt er
Morgen, sagt sie.

DAS GEWÄCHSHAUS

Erschöpft vom Wässern der Obstbäume
Betrat ich neulich das kleine aufgelassene Gewächshaus
Wo im Schatten der brüchigen Leinwand
Die Überreste der seltenen Blumen liegen.

Noch steht aus Holz, Tuch und Blechgitter
Die Apparatur, noch hält der Bindfaden
Die bleichen verdursteten Stengel hoch
Vergangener Tage Sorgfalt
Ist noch sichtbar, mancher Handgriff. Am Zeltdach
Schwankt der Schatten der billigen Immergrüne
Die vom Regen lebend nicht der Kunst bedürfen.
Wie immer die schönen Empfindlichen
Sind nicht mehr.

DER HUND

Mein Gärtner sagt mir: Der Hund
Ist kräftig und klug und gekauft
Die Gärten zu bewachen. Sie aber
Haben ihn erzogen zum Menschenfreund. Wofür
Bekommt er sein Fressen?

HIER IST DIE KARTE, DA IST DIE STRASSE

»Hier ist die Karte, da ist die Straße
Sieh hier die Biegung, sieh da das Gefäll!«
»Gib mir die Karte, da will ich gehen.
Nach der Karte
Geht es sich schnell.«

GEH ICH ZEITIG IN DIE LEERE

Geh ich zeitig in die Leere
Komm ich aus der Leere voll.
Wenn ich mit dem Nichts verkehre
Weiß ich wieder, was ich soll.

Wenn ich liebe, wenn ich fühle
Ist es eben auch Verschleiß
Aber dann, in der Kühle
Werd ich wieder heiß.

LIED DER STRÖME

Old Man Mississippi wütet
Schleppt uns unser Vieh weg und das Land sogar.
Jagt zum Teufel das Gesindel oben
Das ihn auf uns losläßt Jahr für Jahr.
  Wir, deren Felder verschwanden –
  Es wird da nichts verziehn –
  Wenn seine Herren verschwunden sind
  Zähmen wir ihn.

Unser Ganges fließt in Indien
Und wo er vorbeifließt, herrschet Fruchtbarkeit
Und wo er vorbeifließt, herrschet Hunger
Doch so bleibt's bestimmt nicht allezeit.
  Wir, die die Reisfelder bauten
  Und wässerten das Tal
  Wissen, der Tag ist schon nah, da
  Kommt unser Mahl.

Unser Nil fließt in Ägypten
Tempel und Paläste sehen zu ihm her
Und die Knechtschaft ist sechstausend Jahr alt
Doch sie wird wohl nicht viel älter mehr.
  Wir, die die Häuser da bauten
  Und häuften Stein auf Stein
  Wissen, der Tag ist nicht mehr fern, da
  Ziehen wir ein.

Unser China! Unser Jangtse!
Wo er fließt, ist alles unser bis zum Meer.
Wo er fließt, gehn lustig wir zur Arbeit
Lustig bei der Arbeit ist auch er.
  Und er war nicht immer unser.
  Sehr bittrer Kampf war not.
  Der Schaufel voran flog die Fahne
  Und die ist rot.

Mutter Wolga, du geliebte!
Lenin war dein Sohn. Er fackelte nicht lang.
Und der Schlepper Sklavenlied verstummte
Und es dröhnt jetzt der Turbine Sang.
  Stalingrad heißt unsre Stadt
  Und der Weltfeind stürzte hier.
  Ihr, wo immer ihr ihn treffen mögt
  Schlagt ihn wie wir.

Unser Amazonas fließt zwar fraglos
In Brasilien, doch gehört den USA.
Groß und kräftig ist er und tut Arbeit
Für die Herren, die er niemals sah.
  Doch eines Tages, nicht fern nun
  Wir haben's uns geschwor'n
  Wird er für uns seine Arbeit tun
  Die hier gebor'n.

Mächtige Flüsse hat die Erde
Daß sie viele schöne Früchte tragen muß
Aber wir, das Proletariat, sind
Dieser Erde fruchtbarster Fluß.
  Freunde, er ist auch der stärkste
  Und ist für ihn kein Damm:
  Über die Erde ergießt er sich
  Unaufhaltsam.

AN DIE STUDENTEN DER ARBEITER- UND BAUERNFAKULTÄT

1

Daß ihr hier sitzen könnt: so manche Schlacht
Wurd drum gewagt. Ihr mögt sie gern vergessen.
Nur wißt: hier haben andre schon gesessen
Die saßen über Menschen dann. Gebt acht!

2

Was immer ihr erforscht einst und erfindet
Euch wird nicht nützen, was ihr auch erkennt
So es euch nicht zu klugem Kampf verbindet
Und euch von allen Menschenfeinden trennt.

3

Vergeßt nicht: mancher euresgleichen stritt
Daß ihr hier sitzen könnt und nicht mehr sie.
Und nun vergrabt euch nicht und kämpfet mit
Und lernt das Lernen und verlernt es nie!

EINMAL, WENN DA ZEIT SEIN WIRD

Einmal, wenn da Zeit sein wird
Werden wir die Gedanken aller Denker aller
Zeiten bedenken
Alle Bilder aller Meister besehen
Alle Spaßmacher belachen
Alle Frauen hofieren
Alle Männer belehren.

WIE DER WIND WEHT

Die Burschen, eh sie ihre Mädchen legen
Versichern sich, und sie tun gut daran
Ob sich die Lippen öffnen und die Brüste regen
Damit sie wissen: Was und Wann?
Prüfend, wie da alles steht
Wie der Wind weht.

Ihr Staatenlenker, wenn ihr Pläne schmiedet
Stellt euch nicht furchtsam an:
Der darf nicht Kampf scheu'n, der befriedet!
Doch immer prüfet: Was und Wann?
Auf die Straße geht und seht:
Wie der Wind weht.

(Wenn so der Dichter Führen und Verführen
In einem Atem nennt, als sei es eins
Denkt er an Völker, die sich nicht recht rühren
Und wollen ihr Vergnügen so, als wär es keins.)

PANZEREINHEIT, ICH FREUE MICH

Panzereinheit, ich freue mich, dich schreibend
Und für den Frieden werbend zu sehen
Und ich freue mich, daß ihr schreibend
Und für den Frieden werbend, gepanzert seid.

DER SCHÖNE TAG, WENN ICH NUTZLOS GEWORDEN BIN

Das ist ein fröhlicher Tag, an dem es heißt:
Legt die Waffen weg, sie sind nicht mehr nötig!
Das waren gute Jahre, nach denen
Die Waffen aus den Schuppen gezogen werden, und
es zeigt sich:
Sie sind rostig.

Freilich wünschte ich, daß mich der letzte erst weglegt
Der von den Hunden gebissen wurde.

SCHICKE MIR EIN BLATT

Schicke mir ein Blatt, doch von einem Strauche
Der nicht näher als eine halbe Stunde
Von deinem Haus wächst, dann
Mußt du gehen und wirst stark, und ich
Bedanke mich für das hübsche Blatt.

ICH BENÖTIGE KEINEN GRABSTEIN

Ich benötige keinen Grabstein, aber
Wenn ihr einen für mich benötigt
Wünschte ich, es stünde darauf:
Er hat Vorschläge gemacht. Wir
Haben sie angenommen.
Durch eine solche Inschrift wären
Wir alle geehrt.

SCHWIERIGE ZEITEN

Stehend an meinem Schreibpult
Sehe ich durchs Fenster im Garten den Holderstrauch
Und erkenne darin etwas Rotes und etwas Schwarzes
Und erinnere mich plötzlich des Holders
Meiner Kindheit in Augsburg.
Mehrere Minuten erwäge ich
Ganz ernsthaft, ob ich zum Tisch gehn soll
Meine Brille holen, um wieder
Die schwarzen Beeren an den roten Zweiglein zu sehen.

WIE ES WAR (1)

Erst ließ Freude mich nicht schlafen
Dann hielt Kummer nachts die Wacht.
Als mich beide nicht mehr trafen
Schlief ich. Aber ach, es bracht
Jeder Maienmorgen mir Novembernacht.

WIE ES WAR (2)

Deine Sorg war meine Sorg
Meine Sorg war deine
Hattest du eine Freud nicht mit
Hatt' ich selber keine.

WECHSEL DER DINGE

I

Und ich war alt, und ich war jung zu Zeiten
War alt am Morgen und am Abend jung
Und war ein Kind, erinnernd Traurigkeiten
Und war ein Greis ohne Erinnerung.

II

War traurig, wann ich jung war
Bin traurig, nun ich alt
So, wann kann ich mal lustig sein?
Es wäre besser bald.

UND ICH DACHTE IMMER

Und ich dachte immer: die allereinfachsten Worte
Müssen genügen. Wenn ich sage, was ist
Muß jedem das Herz zerfleischt sein.
Daß du untergehst, wenn du dich nicht wehrst
Das wirst du doch einsehn.

ALS ICH IN WEISSEM KRANKENZIMMER DER CHARITÉ

Als ich in weißem Krankenzimmer der Charité
Aufwachte gegen Morgen zu
Und die Amsel hörte, wußte ich
Es besser. Schon seit geraumer Zeit
Hatte ich keine Todesfurcht mehr. Da ja nichts
Mir je fehlen kann, vorausgesetzt
Ich selber fehle. Jetzt
Gelang es mir, mich zu freuen
Alles Amselgesanges nach mir auch.

FRÖHLICH VOM FLEISCH ZU ESSEN

Fröhlich vom Fleisch zu essen, das saftige Lendenstück
Und mit dem Roggenbrot, dem ausgebackenen, duftenden
Den Käse vom großen Laib und aus dem Krug
Das kalte Bier zu trinken, das wird
Niedrig gescholten, aber ich meine, in die Grube gelegt
werden
Ohne einen Mundvoll guten Fleisches genossen zu haben
Ist unmenschlich, und das sage ich, der ich
Ein schlechter Esser bin.

DAUERTEN WIR UNENDLICH

Dauerten wir unendlich
So wandelte sich alles
Da wir aber endlich sind
Bleibt vieles beim alten.

GEGENLIED ZU »VON DER FREUNDLICHKEIT DER WELT«

Soll das heißen, daß wir uns bescheiden
Und »so ist es und so bleib es« sagen sollen?
Und, die Becher sehend, lieber Dürste leiden
Nach den leeren greifen sollen, nicht den vollen?

Soll das heißen, daß wir draußen bleiben
Ungeladen in der Kälte sitzen müssen
Weil da große Herrn geruhn, uns vorzuschreiben
Was da zukommt uns an Leiden und Genüssen?

Besser scheint's uns doch, aufzubegehren
Und auf keine kleinste Freude zu verzichten
Und die Leidenstifter kräftig abzuwehren
Und die Welt uns endlich häuslich einzurichten!

Anhang

KRIEGSFIBEL

1

Wie einer, der ihn schon im Schlafe ritt
Weiß ich den Weg, vom Schicksal auserkürt
Den schmalen Weg, der in den Abgrund führt:
Ich finde ihn im Schlafe. Kommt ihr mit?

2

»Was macht ihr, Brüder?« – »Einen Eisenwagen.«
»Und was aus diesen Platten dicht daneben?«
»Geschosse, die durch Eisenwände schlagen.«
»Und warum all das, Brüder?« – »Um zu leben.«

3

Die Frauen finden an den spanischen Küsten
Wenn sie dem Bad entsteigen in den Kliffen
Oft schwarzes Öl an Armen und an Brüsten:
Die letzten Spuren von versenkten Schiffen.

4

Die Glocken läuten und die Salven krachen.
Nun danket Gott als Mörder und als Christ!
Er gab uns Feuer, Feuer anzufachen.
Wißt: Volk ist Pöbel, Gott ist ein Faschist.

6

Und Feuer flammen auf im hohen Norden
Auf stille Küsten stürzt der Lärm der Schlacht.
»Ihr Fischer sagt, wer kam da, euch zu morden?«
»Der Schützer tauchte auf im Schutz der Nacht!«

8

Nach einem Feind seh ich euch Ausschau halten
Bevor ihr absprangt in die Panzerschlacht:
War's der Franzos, dem eure Blicke galten?
War's euer Hauptmann nur, der euch bewacht?

9

Die Straße frei der feindlichen Armee!
Die Stadt ist tot, es lebe hoch der Schutt!
Nie herrschte solche Ordnung in Roubaix.
Sie hat gesiegt, sie herrscht jetzt absolut.

11

Inmitten unsrer Lichtstadt, zu erobern
Ein kleines Fischlein, das sich hierher stahl
Seht ihr uns fischen für ein karges Mahl
Besiegt von Hitler und von unsern Obern.

12

So haben wir ihn an die Wand gestellt:
Mensch unsresgleichen, einer Mutter Sohn
Ihn umzubringen. Und damit die Welt
Es wisse, machten wir ein Bild davon.

13

Er war zwar ihres Feindes Feind, jedoch
War etwas an ihm, was man nicht verzeiht
Denn seht: ihr Feind war seine Obrigkeit.
So warfen sie ihn als Rebell ins Loch.

14

Mehr als die Deutschen haßt das Volk doch sie.
Sie saßen auf dem Dach mit vollen Hosen
Mehr als die Deutschen fürchtend die Franzosen.
Herrschaft der Deutschen? Ja. Des Volkes? Nie.

15

Wir sind's, die über deine Stadt gekommen
O Frau, die du um deine Kinder bangst!
Wir haben dich und sie aufs Ziel genommen
Und fragst du uns warum, so wiss': aus Angst.

16

So seh ich aus. Nur weil gewisse Leute
Tückisch in andre Richtung flogen als
Ich plante: so wurd ich statt Hehler Beute
Und Opfer eines, ach, Berufsunfalls.

17

Noch bin ich eine Stadt, doch nicht mehr lange.
Fünfzig Geschlechter haben mich bewohnt
Wenn ich die Todesvögel jetzt empfange:
In tausend Jahr erbaut, verheert in einem Mond.

18

Seht einen Teufel hier, doch einen armen!
»Ich lache, weil ich andre weinen weiß.
Ich bin ein Wäschereisender aus Barmen
Wenn ich auch jetzt in Tod und Elend reis'.«

19

Es war zur Zeit des UNTEN und des OBEN
Als auch die Luft erobert war, und drum
Verkroch viel Volk, als einige sich erhoben
Sich unterm Boden und kam dennoch um.

20

Älter als ihre Bombenflugmaschinen
Ist doch der Hunger, den sie auf uns hetzen:
Um Geld für Lebensmittel zu verdienen
Sind wir gewillt, das Leben dranzusetzen.

21

Daß sie da waren, gab ein Rauch zu wissen:
Des Feuers Söhne, aber nicht des Lichts.
Und woher kamen sie? Aus Finsternissen.
Und wohin gingen sie von hier? Ins Nichts.

22

Such nicht mehr, Frau: du wirst sie nicht mehr finden!
Doch auch das Schicksal, Frau, beschuldige nicht!
Die dunklen Mächte, Frau, die dich da schinden
Sie haben Name, Anschrift und Gesicht.

23

Seht ihn hier reden von der Zeitenwende.
's ist Sozialismus, was er euch verspricht.
Doch hinter ihm, seht, Werke eurer Hände:
Große Kanonen, stumm auf euch gericht'.

24

Ich war der Bluthund, Kumpels. Diesen Namen
Gab ich mir selber, ich, des Volkes Sohn
Sie anerkannten's: als die Nazis kamen
Gewährten sie mir Wohnung und Pension.

25

Ich bin der Schlächterclown in dem Betrieb.
Der eiserne Hermann, der beliebte Ringer
Und Reichsmarschall, der Polizist als Dieb:
Wer mir die Hand gibt, zähle seine Finger.

26

Ich bin »der Doktor«, dokternd die Berichte.
Und sei es eure Welt, mir fällt was ein.
Was tut's? Ich schreibe selbst die Weltgeschichte.
Man glaubt mir nicht einmal mein kurzes Bein.

27

»Joseph, ich hör, du hast von mir gesagt:
Ich raube.« – »Hermann, warum sollst du rauben?
Dir was verweigern, wär verdammt gewagt.
Und hätt ich's schon gesagt, wer würd mir glauben?«

28

O Schwanensang! »Nie sollst du mich befragen!«
O Pilgerchor! O Feuerzaubertrick!
O Lied vom Rheingold auf den leeren Magen!
Ich nenn sie die Bayreuther Republik.

29

Ein steinern Roß trabt aus der Reichskanzlei
Das trostlos in die dunkle Zukunft stiert.
»Was fehlt dir, Roß?« – »Der Roßkur wohnt ich bei
Acht Jahre nun und wurde nicht kuriert.«

30

Das sind sechs Mörder. Nun geht nicht davon
Und nickt nicht, lässig murmelnd ein »ganz recht«:
Sie zu entlarven kostete nun schon
An fünfzig Städte uns und ein Geschlecht.

31

O frohe Botschaft: Gott mobilisiert!
Hitler stieß vor und Gott kam nicht mehr nach.
Nun hoffet, daß Gott nicht den Krieg verliert
Weil es auch ihm zum Schluß am Öl gebrach!

32

Zehn Völker hab ich unterm Stiefel und
Dazu mein eigenes. Die blutige Spur
Von diesem Stiefel färbt zerstampften Grund
Von Kirkenaes bis Mühlheim an der Ruhr.

33

Ihr Brüder, hier im fernen Kaukasus
Lieg nun ich, schwäbischer Bauernsohn, begraben
Gefällt durch eines russischen Bauern Schuß.
Besiegt ward ich vor Jahr und Tag in Schwaben.

34

»Was bracht euch zwei ans Nordkap?« – »Ein Befehl.«
»Ist's euch nicht kalt, ihr zwei?« – »In Leib und Seel.«
»Wann geht's nach Haus, ihr zwei?« – »Wenn's nicht
mehr schneit.«
»Wie lang wird's schnein, ihr zwei?« – »In Ewigkeit.«

35

Dies Glas dem Vaterland und hundert Junkern!
Dem deutschen Schwert und dem Profit daraus!
Dem deutschen Volk in Waffen und in Bunkern!
Dem Irreführer, prost, von Mann und Maus!

36

O Rausch der Kriegsmusik und Sturm der Fahnen!
Mythos vom Hakenkreuzzug der Germanen!
Am Ende handelte sich's nur um eins:
Ein Schlupfloch finden! Doch du fandest keins.

37

Die Herren raufen um dich, schöne Schöpfung
Und rasend stoßen sie sich aus den Schuhn.
Denn jeder rühmt sich kundiger der Schröpfung
Und mehr im Rechte, dir Gewalt zu tun.

38

Ich kenne das Gesetz der Gangs. Ich fuhr
Im allgemeinen gut mit Menschenfressern.
Sie fraßen aus der Hand mir. Die Kultur
Find't als Verteidiger hier keinen bessern.

39

O Stimme aus dem Doppeljammerchore
Der Opfer und der Opferer in Fron!
Der Sohn des Himmels, Frau, braucht Singapore
Und niemand als du selbst braucht deinen Sohn.

40

Als wir uns sahn – 's war alles schnell vorbei –
Ich lächle und die beiden lächeln wieder.
So lächelten wir erstmal alle drei.
Dann zielte einer, und ich schoß ihn nieder.

41

Damit ihr auch bekommt, was euch gefällt
Sei euch dies Rübenbildnis angeboten.
Das halt' euch überm Meer im Dschungelzelt!
Ein solches Bild weckt, hör ich, einen Toten!

42

Daß es entdeckt nicht und getötet werde –
Denn in den Lüften rauften sich die Herrn –
Verkroch viel Volk sich angstvoll in die Erde
Und folgte ihren Kämpfen so von fern.

43

Als nun für mich die lange Schlacht vorbei
Half mir ein Mann zurück, der freundlich war.
Aus seinem Schweigen lernte ich, er sei
Wohl des Verstehns, doch nicht des Mitleids bar.

44

O armer Yorick aus dem Dschungeltank!
Hier steckt dein Kopf auf einem Deichselstiel
Dein Feuertod war für die Domeibank.
Doch deine Eltern schulden ihr noch viel.

45

Wir hörten auf der Schulbank, daß dort oben
Ein Rächer allen Unrechts wohnt, und trafen
Den Tod, als wir zum Töten uns erhoben.
Die uns hinaufgeschickt müßt i h r bestrafen.

46

Den kleinen Bruder deines Feindes trag
Uns aus der Schlacht, in die sie dich da senden.
Soldat, mit deinem Sohn zusammen mag
Er einst besprechen, wie die Kriege enden.

47

Es hatte sich ein Strand von Blut zu röten
Der ihnen nicht gehörte, dem noch dem.
Sie waren, heißt's, gezwungen, sich zu töten.
Ich glaub's, ich glaub's. Und frag nur noch: von wem?

48

Und viele von uns sanken nah den Küsten
Nach langer Nacht beim ersten frühen Licht.
Sie kämen, sagten wir, wenn sie nur wüßten.
Denn daß sie wußten, wußten wir noch nicht.

49

Weh, unsre Herren haben sich entzweit.
Auf unsern Äckern, wasserlos und steinig
Sind nun drei fremde Heere schon im Streit.
Nur gegen uns sind sie sich alle einig.

50

Wir bringen Mehl und einen König, nehmt!
Doch wer das Mehl nimmt, muß den König nehmen.
Wer sich zum Stiefellecken nicht bequemt
Der mag zum Weiterhungern sich bequemen.

51

Nicht Städte mehr. Nicht See. Nicht Sternefunkeln.
Und keine Frau und niemals einen Sohn.
Und nicht den heitern Himmel, noch den dunkeln.
Nicht über Japan, noch auch Oregon.

52

Die ihr hier liegen seht, gedeckt vom Kot
Als lägen sie nun schon in ihren Gräbern, ach –
Sie schlafen nur, sie sind nicht wirklich tot.
Doch wären sie, nicht schlafend, auch nicht wach.

53

In jener Juni-Früh nah bei Cherbourg
Stieg aus dem Meer der Mann aus Maine und trat
Laut Meldung gen den Mann an von der Ruhr
Doch war es gen den Mann von Stalingrad.

54

Doch als wir vor das rote Moskau kamen
Stand vor uns Volk von Acker und Betrieb
Und es besiegte uns in aller Völker Namen
Auch jenes Volks, das sich das deutsche schrieb.

55

Ein Brüderpaar, seht, das in Panzern fuhr
Zu kämpfen um des einen Bruders Land!
So grausam ist zum Elefanten nur
Sein Bruder, der gezähmte Elefant.

56

Vor Moskau, Mensch, gabst du dein Augenlicht.
O blinder Mensch, jetzt wirst du es verstehn.
Der Irreführer kriegte Moskau nicht.
Hätt er's gekriegt, hättst du es nicht gesehn.

57

Seht diese Hüte von Besiegten! Und
Nicht als man sie vom Kopf uns schlug zuletzt
War unsrer bittern Niederlage Stund.
Sie war, als wir sie folgsam aufgesetzt.

58

Hier sitz ich, haltend meinen armen Kopf:
Der Irreführer über alle Berge.
Die Körnlein hat das Huhn im Kropf:
Die kriegen die Zwerge.

59

Und alles Mitleid, Frau, nenn ich gelogen
Das sich nicht wandelt in den roten Zorn
Der nicht mehr ruht, bis endlich ausgezogen
Dem Fleisch der Menschheit dieser alte Dorn.

60

Mir ist's, als ob i c h euer Heim zerstörte
Weil es mein Bruder war, Gott sei's geklagt!
Da war kein lichterer Tag, als wenn ich hörte
Daß ihr ihn nun besiegt habt und verjagt.

61

Seht unsre Söhne, taub und blutbefleckt
Vom eingefrornen Tank hier losgeschnallt:
Ach, selbst der Wolf braucht, der die Zähne bleckt
Ein Schlupfloch! Wärmt sie, es ist ihnen kalt.

62

Im Arm das Kind und das Gewehr zur Seite
Das Leben wagend für ein beßres Leben:
Ich wünschte euch nach diesem blutigen Streite
Noch von den Kindern meines Volks umgeben.

63

Ihr in den Tanks und Bombern, große Krieger!
Die ihr in Algier schwitzt, in Lappland friert
Aus hundert Schlachten kommend als die Sieger:
Wir sind's, die ihr besiegt habt. Triumphiert!

64

Oh, hättet ihr, nun für euch selbst zu kämpfen
Ein Zehntel eurer Kraft noch, Kampfesmüde:
Die Welt, in Todes- und Gebärungskrämpfen
Wär froh, daß sie sich, euch zu schlagen, mühte.

65

Das sind die Städte, wo wir unser »Heil!«
Den Weltzerstörern einst entgegenröhrten.
Und unsre Städte sind auch nur ein Teil
Von all den Städten, welche wir zerstörten.

66

Heimkehrer, ihr, aus der Unmenschlichkeit
Erzählt daheim nunmehr mit Schauder, wie's
Bei einem Volk war, das sich knechten ließ
Und haltet euch nicht selbst schon für befreit.

67

Ich hör die Herren in Downing Street euch schelten
Weil ihr's gelitten, trüget ihr die Schuld.
Wie dem nun sei: die Herren schelten selten
Der Völker unerklärliche Geduld.

68

Euch kennend, dacht ich, und ich denk es noch
Und ich gehör nicht zu den blinden Lobern:
Ihr wärt zu mehr gut als zum blinden Welterobern
Zur Knechtschaft am Joch oder unterm Joch.

69

Das da hätt einmal fast die Welt regiert.
Die Völker wurden seiner Herr. Jedoch
Ich wollte, daß ihr nicht schon triumphiert:
Der Schoß ist fruchtbar noch, aus dem das kroch.

Übersetzungen
Bearbeitungen
Nachdichtungen

William Shakespeare

OPHELIAS LIEDER (Hamlet, 4. Akt)

Wie find ich den Liebsten aus
Von den andern nun?
An dem Muschelhut und Stab
Und den Sandelschuhn.

Fräulein, er ist aus und tot
Könnt nicht töter sein
Ihm zu Häupten ein Rasen grün
Ihm zu Füßen ein Stein.

Sein Totenhemd weiß wie der Schnee und das Eis
Und kälter als Eis seine Wang
Wo er jetzt ist, führt dich zu ihm keine Tür
Und Treppe nicht noch Gang.

*

Und morgen ist Sankt Valentins Tag
Und nachts am Marienplatz
Steh ich vor deinem Haus und sag:
Ich bin dein Einenachtschatz.
Und auf er stand, zog an sein Gewand
Tät auf die Kammertür
Ließ ein die Jungfer, daß aus als Jungfer
Sie nimmermehr trat herfür.

*

Ein junger Mann, der tut's, wenn er kann
Doch die Schande, die tut weh.
Und unsre Liebe Frau von Cannes
Die weiß, wie kalt der See.

Sie sprach: Bevor ich es getan
Versprachst du mir die Eh'.
Und er sprach:
Du hattest mein Wort und ich leugn' es nicht fort
Daß ich's gehalten hätt
Wärst du nur nicht beim Kerzenlicht
Gekommen in mein Bett.

Rudyard Kipling

THE LADIES

Ich hatte meine Zeit und ich nützte sie
Meinen Spaß nahm ich, wo ich ihn sah
Ich hatte meine Portion Mädchen
Und vier davon waren Ia!
Eine war eine half-cast Witwe
Eine ein Weib aus Yime
Eine das Weib eines Pferdeknechts
Und eine ein Mädchen daheim.

Und jetzt bin ich nicht für und nicht gegen!
Man weiß nie, was aus so was wird!
(Vor Sie's nicht probiert haben, können Sie nichts sagen
Und dann haben Sie sich noch meistens geirrt.)
Es gibt Zeiten, wo Sie denken, Sie mögen nicht
Es gibt Zeiten, wo Sie wissen, Sie mögen!
Doch was Sie lernen bei Gelben und Braunen
Das kommt Ihnen bei den Weißen gelegen.

Ich war ein junger Hund in Hoogli
Fast zu schüchtern für das Spiel
Doch Aggie de Caster, die machte mich
Und Aggie war tüchtig für viel!
Älter als ich! Meine Erste!
Mehr wie 'ne Mutter zu mir
Sie zeigte mir prompt, wie man vorwärts kommt
Und ich lernte was von Frauen bei ihr.

Dann wurde ich versetzt nach Burma
Wo ich den Einkauf im Basar versah
Und ich bekam 'ne leibhaftig hübsche Heidin
Durch Geschäfte mit dem Papa!
Komisch und gelb und ergeben
Sie roch wie nach Tee, und wir
Lebten wie ein Paar in Burmas Basar
Und ich lernte was von Frauen bei ihr.

Dann schiffte ich mich ein nach Neemuch
(Sonst hätt ich sie heute noch)
Und ich hing mich an 'nen weiblichen Teufel
Der nach Teer und Sünde roch
Das Weib eines Negers in Bombay
Ein ganz vulkanisches Vieh
Sie bedrohte mich nachts mit dem Messer, weil ich angab,
weiß wäre besser
Und ich lernte was von Frauen durch sie.

Dann kam ich heim mit dem Truppenteil
Über den Weg lief mir eine da –
Die war sechzehn und im Stiftshaus zu Meerut
Das Geradeste, was ich je sah.
Es hatte sie gepackt auf den ersten Blick
Ich wußte nicht was und nicht wie

Doch ich tat ihr kein Arg, denn ich liebt sie zu stark
Doch – ich lernte was über Frauen durch sie.

Ich nahm meinen Spaß, wo ich ihn kriegte
Da wirst du mit den Jahren gemeiner
Und je mehr du kennst von den andern
Desto weniger bleibst du bei einer.
Und das Ende ist: sitzen und denken
Mit höllischem Feuer in dir
Tu's nicht, rat ich dir noch (aber ich weiß, du tust's doch)
Oh, lernt was über Frauen von mir!

Was hielt des Obersten Frau davon?
Schaut: das erfährt keiner von Euch.
Einer, der frug des Sergeanten Weib
Die sagte die Wahrheit gleich.
Oh, wenn ein Mann mit im Spiel ist, sind
Sie wie Stecknadeln gleich, denn schaut:
Des Obersten Lady und Judy O'Grady
Sind Schwestern (unter der Haut).

Und jetzt bin ich nicht für und nicht gegen!
Man weiß nie, was aus so was wird!
(Vor Sie's nicht probiert haben, können Sie nichts sagen
Und dann haben Sie sich noch meistens geirrt.)
Es gibt Zeiten, wo Sie denken, Sie mögen nicht
Es gibt Zeiten, wo Sie wissen, Sie mögen!
Doch was Sie lernen bei Braunen und Gelben
Das kommt Ihnen bei den Weißen gelegen.

MARIA, FÜRSPRECHERIN DER FRAUEN

1

Du nennst dich einen Mann
In jedem Satz, den du sagst
Und verlässest mich, wie du nur kannst
Statt daß du meine Schande tragst.
Ich höre: dich geht's nichts an ...
Du warst nur roher als roh!
Ich hasse dich, wie du da stehst und grinst ...
O Gott, ich liebe dich so.
Hübsch, als es währte, und nun ist's vorüber
Reiß aus dein Herz, sag': Good bye, mein Lieber!
Was nutzt all dein Jammer (leihe, Maria, dein Ohr ihr)
Wenn deine Mutter selber wußte all das vor dir?

2

Es ist kein falscher Alarm
Der deinen Spaß von der Liste strich!
Du hast mir gebracht nur Harm
Und die Ruinierte war ich.
Und jetzt willst du weg und gehn?
Mit einer neuen Närrin? Oh!
Dein Herz? Du hast keins ...
O Gott, ich liebe dich so.
Wenn ein Mann es müd ist, wird ihn nichts binden
Was er auch schwur, das schiebt er nach hinten.
Was hilft's Gott zu bitten, daß der hinter ihm her ist
(Leihe, Maria, dein Ohr ihr), wenn der Rest so wie er ist?

3

Was sollen wir tun, ich und – es?
Ich bin wohl ab und zu
Mit Männern ein wenig herumgezog'n
Aber das – aber das warst du!
So wahr mir Gott helf, es ist wahr!
Jetzt soll ich mich wohl verstecken wo?
Du Feigling durch und durch . . .
O Gott, ich liebe dich so.
  Was immer du ihnen gibst: dir wird nichts gegeben!
  Liebe bringst du mit Küssen nicht zurück zum Leben!
  Den er dich hinabführt, der Weg sieht zweimal keinen
  (Leihe, Maria, dein Ohr ihr), du fängst spät an mit
      Weinen.

4

Du möchtest mich fair behandeln?
Und wenn man beim Wort dich nimmt?
Vielleicht verhungert ihr, sagst du.
Vielleicht? – aber es ist bestimmt.
Ich will den Namen, nichts weiter!
Ein Papier zum Zeigen! Oh!
Und keine Hure sein . . .
O Gott, ich liebe dich so.
  Was nutzt all dein Reden (leihe, Maria, dein Ohr ihr)
  Wenn deine Mutter selber wußte all das vor dir?
  Schlafe auf seinem Versprechen und erwach mit deinen
      Sorgen
  (Leihe, Maria, dein Ohr ihr), denn sein Schiff geht
      morgen.

DER CHOLERA-CAMP

Wir haben die Cholera bekommen im Camp, sie ist
schlechter als Schlachtgewühl
Wir fallen in den Wüstenei'n, wie der Israelit einst fiel.
Und wir können nicht weg, und sie zieht vor uns und sie
zieht auch hinter uns her
Und der Doktor schreibt in sein Krankenbuch: heute sind's
zehn mehr.
Oh, brecht euren Camp ab und geht, das Horn, es schallt, der
Regen fallt
Die Toten grabt ein unter Strauch und Stein
Daß sie liegen in Sicherheit
Die Musikband macht, was sie kann, zum Spaß
Der Kaplan bittet Gott, daß er schicke uns was, daß er
sage uns was
O Herr, denn unter uns ist eine große Sterblichkeit.

Seit Juli, als es damit anging, hängt sie sich an uns an
Obwohl sie uns ausrücken ließen zu Fuß und uns wieder
holten per Bahn.
Doch sie läuft so schnell, wie ein Truppenzug läuft, und sie
ist immer hinter uns her.
Und in der Krankengeschicht' für den Oberst steht drin:
heute zehn mehr.

Du hast keinen Spaß am Weibe und du hast keinen Spaß am
Getränk
Es ist viel zu feucht zum Schießen: also marschier und denk.
Und abends aus den Nullahs herauf dringt die Rede des
Schakals her:
»Steht auf, ihr faulen Hunde, ihr habt heut zehn mehr!«

Ein Affe würde lachen, wenn er sieht, wie es bei uns geht

Der Leutnant übernimmt die Kompagnie, und der
Hauptmann übernimmt die Tête.
Und der Gefreite tut Sergeantendienst, dem doch keiner
gehorchen mag
Bei uns ist eine schnelle Beförderung bei zehn Toten am Tag.

Der Oberst, weiß und zittrig, wird von keinem Schlaf geletzt
Er brüllt im Hospital herum, wo nichts mehr gut tut jetzt.
Er spendiert uns korbweis Tröstung, die er schwer
bezahlen mag
Doch es gibt nur wenig Tröstung für zehn Tote am Tag.

Der Kaplan, der hat ein Banjo und reitet 'ne klapprige
Mauleselin
Und das Zeug, was der uns vorsingt, das geht ans
Zwerchfell hin.
Der schwarze Rockschoß schlenkert beim Bumdera-Vortrag
's ist schon die richtige Sorte Padre für zehn Tote am Tag.

Bei unsern Römisch-Katholischen hilft ihm Pater Benedix
Der weiß einen Haufen irischer Songs und dolle Kartentricks
So treiben's die zwei bei Gebet und Spiel und was noch
sonst vorlag
So halten wir den Ball auf dem Billardtisch bei zehn Toten
am Tag.

Die Cholera ist bei uns im Camp, das ist kein
Weihnachtsfressen
Doch wird sie frank herumgereicht: wir müssen's essen.
Wir haben nichts gefunden noch, was sich besser auszahlen mag
Und traben zwischen den Pfählen herum mit zehn Toten am
Tag.
Drum reißt den Camp ab und geht, das Horn, es schallt,
der Regen fallt

Die Toten grabt ein unter Strauch und Stein
Daß da nichts geschehen kann!
Und der's nicht mag, der laßt es
Denn der's nicht verträgt, den faßt es
Wir sterben ja doch irgendwann
Schön, fangen wir heut damit an.

Drum, Nr. 1, legt um den Zeltstock sacht
Schlagt aus den Pflock und faßt das End! Gebt acht!
Faltet die Zeltbahn um, schnüret die Stricke drum! Seht!
Oh, reißt, oh, reißt ihn ab euren Camp und geht.
(Gott helf uns!)

GESANG DER PUNISCHEN SOLDATEN

Wir haben für dich gerudert, als der Wind
Wider uns war und die Segel schlaff hingen.
Willst du uns nie freilassen?

Wir haben trockenes Brot gegessen und Zwiebeln
Während du Städte erobert hast
Oder geflohen bist, wenn die Feinde
Dich zurückgeschlagen hatten.

Die Hauptleute gingen auf Deck
Und freuten sich des schönen Wetters
Und sangen Lieder, aber wir
Waren tief unten.

Wir schmachteten, und
Unser Kinn sank auf die Ruder
Du aber konntest es nicht sehen
Denn unsre Körper bewegten sich

Noch immer hin und her.
  Willst du uns nie freilassen?

Das Salz des Meeres macht die Ruder rauh
Wie die Haut des Hais
Das Salz hat das
Fleisch von unseren Knieen gefressen
Bis zum Knochen, unser Haar
Klebt an den Schläfen
Durchgefressen bis zum Zahn sind unsre Lippen
Deine Aufseher haben uns gepeitscht
Weil wir nicht rudern können.
  Willst du uns nie freilassen?

Aber über ein kleines werden wir
Durch die Luken verschwinden wie
Das Wasser, das die Ruder entlangläuft.
Wenn ihr auch den anderen befehlt
Hinter uns her zu rudern
Ihr werdet uns nicht einholen
Bis ihr das Flugwasser der Ruder fangt
Bis ihr den Wind in den Segeln fangen könnt.
Aho!
  Willst du uns nie freilassen?

Charles Baudelaire

DIE KLEINEN ALTEN FRAUEN

Ja, ich folge diesen kleinen Alten bisweilen!
Eine einmal, als die Sonne versank
Und den Himmel blutig machte wie mit Wunden
Setzte sich nachdenklich abseits auf eine Bank

Anzuhören sich eins von diesen barbarischen Blechkonzerten
Mit denen an jenen goldenen Abenden, wo man sich wieder
aufleben fühlt
Das Militär mitunter unsere öffentlichen Gärten
Überschwemmt und so etwas Heroismus in die Herzen der
Städter spült.

Die da, gradrückig noch und stolz und als wittere sie das
Klirrn
Von Säbeln, sog gierig die lebhaften, kriegrischen Klänge ein
Hin und wieder öffnete sich ihr Auge wie das eines alten
Adlers, und ihre Stirn
Aus dem Karrarischen Stein schien für den Lorbeer gemacht.

Eino Leino

DER DUNKLE

Da war die dunkle Beere der Mutter
Bei der Geburt erschrocken.
Er sah Schrecken überall
Bemerkte immer die bösen Geister
Die guten gar nicht.

Die Mutter schickte ihn die Herde hüten.
Der Hirt kam zurück aus dem Walde
Kam befremdet in das Haus
Sprach mit gesträubtem Haar:
O Mutter mein, schicke mich nicht, die Herde zu hüten!
Der Böse stand auf dem offenen Moor
Die Waldgeister wieherten auf den Abhängen
Die Judasse riefen nach mir
Aus der Erde tauchte der Erdgeist!

Taugte der Knabe zum Hirten nicht
Schickte man ihn auf den Fischfang.
Kam vom Meer der Junge zurück
Taumelte blaß in die Stube
Erzählte mit kalten Nägeln:
Schrecklich sind die Wesen des Waldes
Das Meervolk ist schrecklicher!
Ich sah den Wassergott auf mich kommen
Der Bleiche saß auf dem Riff
Die Leere gähnte unter mir.

Taugte der Sohn nicht für das Meer
Schickte man ihn zum Waldroden.
Kam der Sohn von dem Roden zurück

Stürzte steif in die Stube
Sprach mit stehenden Augen:
Grausig sind die Meerschrecken
Die Schrecken des Feuers sind grausiger!
Die Nattern spuckten Funken
Die Kreuzottern fauchten rote Fahnen
Die Vettel kochte auf Kohle
Der Gottseibeiuns rührte den Kessel.

Die Sippe wollte ihn tot sehn:
Taugt zu nichts, der dumme Junge!
Die Mutter warf sich zur rechten Zeit dazwischen
Schickte ihn ins Dorf zur Kirmes.
Da kam der Sohn zurück aus dem Dorf
Wagte nicht, in die Stube zu kommen.
Stand herum auf den Stiegen
Versteckte sich hinter den Hecken.
Fand die Mutter ihn stehen
Irgendwo hinter den Häusern.
Der Junge fiel ihr um den Hals:
O Mütterchen, die du mich geboren
Am besten für mich, zu fliehen
Am besten, dies Land zu verlassen
Auf die Todesäcker mich zu begeben
Mich auf dem Hof des Todes zu verstecken.

Unheimliches sah ich zu Hause
Schrecklicheres im Dorfe.
An der Pforte stand der Fremde
Der Sohn des Fremden auf der Treppe
Aus der Ritze schielte der Schaden
Der Listige lauschte hinter der Tür.
Erkannte die Mutter den Dunklen
Erkannte sie den Gezeichneten
Bei der Geburt Erschrockenen
Weinte, weinte, sagte nichts Schlechtes.

Zart sagte sie, so sagte sie:
Geh, mein armer Sohn.
Geh in den Forst des Todes
Unter die Fichten der Verstorbenen.
Früh zu der Grube des hingegangenen Vaters
Zu der Ruhestatt der Guten
Wo die heiligen Bäume stehen
Wo die dunklen Fichten reden
Von dem Gewesenen, von dem Vergangenen
In dem Grame der ewigen Nacht.

Der Vater erwachte im Grabe:
»Was weinst du, du Blüte meines Stammes?«

»Das wein ich, Vater mein:
Dem Walde gefalle ich nicht.«

»Versuche den Wald mit Liedern!
So taten's die Väter dereinst.«

»Das weine ich, o Vater mein:
Für das Meer bin ich kein Mann.«

»Beschwichtige den Meergott mit Opfern
So taten's die Väter dereinst.«

»Das wein ich, Vater mein:
Das Feuer ist mir nicht freundlich.«

»Leg um das Feuer ein' Ketten
So taten's die Väter dereinst.«

Immer noch weinte des Stammes Blüte.
»Was weinst, Freude mein?«

Mit Schmerzen sprach er in die Luft:
O Vater, nimm auch mich
In die Vorhallen des Todes mit.
Bin der dunkle Sohn der Mutter
Erschrocken bei der Geburt
Sehe überall Entsetzen
Doch am meisten im Leben der Menschen.

Schallte die Stimme unter dem Grase
Stieg das Wort aus der Todesstätte.

»Erschraken die Väter auch einstmals
Doch lebten sie ihre Zeit.
Öd ist des Lebens Morgen
Öder noch des Todes Abend.
Die Stuben sind klein im Todeshof
Unter der Erde sind schmal die Kammern.
Der Mond leuchtet nicht. Die Sonne scheint nicht.
Einsam sitzest du, einsam schreitest du.
Der Wurm kennt den Wandbalken
Du kennst dich selbst.
In der Sehnsucht, der ewigen
Der versehrenden, schmerzhaften.«

Der Sohn kam zurück aus dem Totenreich
Kam als ein stiller Mann.
Setzte sich in die vertraute Stube
Fachte das Feuer im Herd
Machte die häuslichen Arbeiten.
Lächelnd summt er zuweilen
Von den Blumenmädchen im Forst
Den Wasserfrauen auf den Meereswellen.
So ging er ans Meer, so auch in den Wald
Brachte die Netze, stellte die Fallen.
So lebte er sein Leben hin

Ohne Frohsinn, ohne Trauer
Schichtete die Tage aufeinander
So wie sie kommen und gehen
Die besten, die schlechten
Obenauf: die besten.

Arvo Turtiainen

DER KRIEGSHUND

Wir, die letzten Truppen in den Bergen
Die noch kämpfen gegen die Schlächter und Schergen
Haben heute beschlossen, zu treuen Händen
Einen Kriegshund auszusenden
Mit unsern Namen und unsrer Position
Und einem Hilferuf. Obschon
Wir keine Adresse angeben können und
Keine Richtung, glauben wir doch, daß der Hund
Irgendwo solche trifft, die uns helfen werden
Denn solche muß es noch geben auf Erden.
Doch wir sagten: fallen darfst du nicht, du Hund
Denn mit dir ginge unsre letzte Hoffnung zu Grund.

Kallimachos von Kyrene

EPIGRAMM

Nun, Timon, Menschenfeind im Hades, sag:
Nacht oder Tag, was bringt dich mehr zum Toben?
»Noch mehr haß ich das Dunkel als den Tag
Sind doch hierunten mehr von euch als droben.«

Po Chü-i

RESIGNATION

Denk nicht vor: hast du kein Glück
Kannst noch lange schauern
Denk um Himmelswillen nicht zurück
Erinnern ist bedauern.
Besser, du sitzt tagaus, tagein
Wie ein Sack in deinem Gestühle
Besser du liegst in der Nacht wie ein Stein
Unbewegt auf dem Pfühle.
Ist's das Essen: auf das Maul!
Ist's der Schlaf: zu die Augen!
Hockst du im Wagen, schafft's der Gaul;
Muß zu etwas taugen.

DER HUT, DEM DICHTER GESCHENKT VON LI CHIEN

Lange zurück, ein weißköpfiger Herr
Machtest du zum Präsent einen schwarzen Florhut.
Der Florhut sitzt heut noch auf meinem Kopf
Du aber gingst schon zu den »Unteren Quellen«.
Das Ding ist alt, doch noch präsentabel
Der Mann ist schon gegangen und kommt nicht wieder.
Draußen am Hang scheint der Mond heut nacht
Und um dein Grab die Äste schwanken im Herbstwind.

DES KANZLERS KIESWEG

Ein Regierungsochse gespannt vor einen Regierungskarren.
Und am Ufer des Flusses Chan festgetäut ein Kahn bis
oben voll mit Kies.
Wie viele Pfund wiegt
Eine einzige Ladung Kies?
Man fährt Kies in der Morgendämmerung
Man fährt Kies in der Abenddämmerung
Wozu fährt man soviel Kies?
Man fährt ihn zu den Fünf Toren
Westlich von der Hauptstraße.
Im Schatten grüner Lorbeerbäume machen sie dort einen
Kiesweg.
Gestern traf nämlich der neuernannte
Kanzler des Landes ein
Und er war sehr besorgt, daß Nässe und der Schmutz
Seines Pferdes Huf verunreinigen könnten.

Die Hufe von des Kanzlers Pferd
Traten auf den Kies
Und blieben völlig sauber.

Der Ochse, der den Karren zog
Schwitzte beinahe Blut.

Die Aufgabe des Hilfskanzlers ist
»Menschen zu helfen, das Land zu verwalten
Und in Einklang zu bringen Yin und Yang.«
Ob der Nacken des Ochsen wund ist
Darf ihn nicht kümmern.

Kuan Chao

ANSPRACHE AN EINEN TOTEN SOLDATEN DES MARSCHALLS CHIANG KAI-SHEK

Der Marsch in die vier Windrichtungen
Ist für dich zu Ende. Jetzt liegst du
Zwischen vier Fichtenbrettern.

Durch die sehr große Großmut deines Korporals
Trägst du noch immer
Deine sehr dünne Uniform.

Der Korporal nahm einen langen Spaten.
Der Feldwebel griff nach einer Waffe.
Vier Kameraden hoben dich auf.

Ihre Gesichter sind mürrisch
Obwohl du doch leicht bist:
Haut und Knochen.

Wenn der Zug vor der Stadt ist
Ladet der Feldwebel sein Gewehr
Und der Korporal reicht den Trägern den Spaten.

Und der Korporal, er setzt sich an den Abhang.
Ans Verhökern ihrer Reisrationen denkt er.
Das wird Fleisch und Branntwein für ihn geben.
Und der Feldwebel, überm Abhang
Sein Gewehr hält er im Anschlag.

Doch die viere graben schwitzend
Ein Erdloch so lang wie du groß bist.
Und sie loben sich den vom siebten Zug
Den man kurzerhand in den Fluß warf
Daß er von alleine wegtrieb, ohne Hilfe.

Und so liegst du, rechts und links die Kameraden
Kameraden unter dir und Kameraden
Bald auch über dir. Und in paar Wochen
Graben Wind und Regen eure Knochen aus, und die ihr
Auf die Freiheit wartetet ein kurzes Leben
Die ihr hier nicht liegen wolltet, liebe Freunde
Kommen werden dann die wilden Hunde, welche
Weg von hier euch tragen werden.

Mao Tse-tung

GEDANKEN BEI EINEM FLUG ÜBER DIE GROSSE MAUER

Unter mir das Bild der Nördlichen Landschaft.
Zehntausend Meilen geflügelter Schnee.

Unbeweglich
Der Gelbe Fluß, von solcher Höhe
Nicht mehr reißend. Zwischen ihm und uns
Hauchzarte Wolkenbündel aus Weiß und aus Purpur.
Weidland und Äcker zu beiden Seiten
Der Großen Mauer. Wie viele Freier schon
Sich vor ihnen verbeugten!

Alle die armseligen
Könige der Tsch'in und der Han
Die nur wenig wußten.
Die Tang und die Sung, mit dem Leichtsinn im Übermaß!
Und der hochmütige
Einzige Sohn einer Dynastie, der Tschingis-Khan!
Mehr als den Bogen spannen
Konnte auch er nicht.

Alle verdarben.
Aber auch heute
Seht euch die großen Herren an: immer noch
Voll der alten schlimmen Begehrlichkeit!

Alfred Brush

FÜR DAS GRAB DES LI PO

Als ich noch lebte, saßen wir in der Mulde im Park
Redend von dem und jenem, doch meistens von dir.
Du nahmst mich bei der Hand und führtest mich zu dem
Tempel im Gehölz
Wo wir Opfer darbrachten, meistens für dich.

An den Abenden saßen wir beim Feuer
Ich fütterte dich mit Pflaumenkuchen, du hast gesungen.
Später dann lagen wir, blickend nach dem Mond
Und ich machte Verse, meistens über dich.
Frühdämmerung kam und die Kraniche schrieen
Über die Marschen führend die länglichen Beine.
Wir nahmen den Tee unter dem Kirschbaum.
Dann kamen die Nachbarn, meistens zu dir.
Jetzt lieg ich hier, wo nicht Feuer noch Mond mich
erreicht mehr.
Keinen Kranich kann ich mehr hören, noch dein Singen auch.
Hast du keinen einzigen Reiskuchen, den du mir brächtest?

Christian Weise

DAS STUNDENLIED

Als er aus dem Tempel stracks
Die Händler ausgewiesen
Ward Jesus geholt ein's Tags
Mit Schwertern und Spießen.

Lauft's, ihr Leut, dort seht's ihn noch
Zwischen die Folterknecht!
Weil er hat die Wahrheit g'sproch'n!
G'schieht ihm recht! G'schieht ihm recht!

In der ersten Tagesstund
Ward der Herr bescheiden
Als ein Mörder dargestellt
Pilatus dem Heiden.

Der ihn unschüldig fand
Ohn Ursach des Todes
Ihn derhalben von sich sandt
Zum König Herodes.

Seht's ihn dort, seht's ihn dort!
Zwischen die Folterknecht!
Weil er hat die Wahrheit g'sproch'n!
G'schieht ihm recht!

Um zwei, wenn die Sonn das All
Noch einmal beschienen
Tat Jesus den ersten Fall
Wurd gestoßen von ihnen.

Schaut's, ihr Leut, dort wird er broch'n
Von die Folterknecht!
Weil er hat die Wahrheit g'sproch'n!
G'schieht ihm recht! G'schieht ihm recht!

Um drei ward der Gottessohn
Mit Geißeln geschmissen
Ihm sein Haupt mit einer Kron
Von Dornen zurrissen!

Gekleidet zu Hohn und Spott
Ward er sehr geschlagen
Und das Kreuz zu seinem Tod
Mußt er selber tragen.

Schaut's, ihr Leut, dort wird er broch'n
Von die Folterknecht!
Weil er hat die Wahrheit g'sproch'n!
G'schieht ihm recht! G'schieht ihm recht!

Um vier hat ihm eine Frau
Ihr Brusttuch angeboten
Drauf ist ihr geblieben vom Angstschweiß
Ein Gesicht wie von ein'm Toten.

Lauft's, ihr Leut, dort seht's ihn noch
Zwischen die Folterknecht!
Weil er hat die Wahrheit g'sproch'n!
G'schieht ihm recht! G'schieht ihm recht!

Um sechs ward er nackt und bloß
An das Kreuz geschlagen
An dem er sein Blut vergoß
Betet mit Wehklagen.

Die Zuseher spotten sein
Auch die bei ihm hingen
Bis die Sonn auch ihren Schein
Entzog solchen Dingen.

Schaut's, ihr Leut, nur Haut und Knoch'n!
Und so große Folterknecht!
Weil der Mensch die Wahrheit g'sproch'n!
G'schieht ihm recht!

Jesus schrie zur neunten Stund
Klaget sich verlassen
Bald war Gall in seinem Mund
Mit Essig gelassen.

Da gab er auf seinen Geist
Und die Erd erbebet
Des Tempels Vorhang zerreißt
Mancher Fels zerklübet.

Schaut's, ihr Leut, dort seht's ihn
Und so viele Folterknecht!
Weil der Mensch die Wahrheit g'sproch'n!
G'schieht ihm recht! G'schieht ihm recht!

Da hat man zur Vesperzeit
Der Schech'r Bein zerbrochen
Ward Jesus in seine Seit
Mit ein'm Speer gestochen.

Daraus Blut und Wasser rann.
Sie machten's zum Hohne.
Solches stellen sie uns an
Mit dem Menschensohne.

Schaut's, jetzt hat er ihn derstoch'n!
Schaut's, der starke Folterknecht!
Schaut's, er hat die Wahrheit g'sproch'n!
G'schieht ihm recht! G'schieht ihm recht!

Maxim Gorki

STURMVOGEL

Ob der grauen Meeresebene
Treibt der Wind Gewölk zusammen.
Zwischen Wolkenzug und Wasser
Schießt der Vogel Sturmverkünder
Einem schwarzen Blitz vergleichbar.

Und das Meer mit Flügeln peitschend
Und, ein Pfeil, die Wolke treffend

Schreit er. Und es hört die Wolke
Lust im kühnen Schrei des Vogels.

Leidenschaft ist in dem Schrei und
Zorn und Sehnsucht nach dem Sturme
Und die Zuversicht des Siegers:
Diesen Schrei versteht die Wolke.

Doch die Möwe, flatternd, taumelnd
Ob der Woge, fürchtet sich vorm Sturme.
Auf dem tiefsten Meeresgrunde
Möchte sie sich vor dem Sturm verstecken.

Aber der Tauchervogel stöhnt nur.
Freude an des Lebens Stürmen
Ist ihm gänzlich unverständlich.
Ihn erschrecken Donnerschläge.

Der Pinguin, der dumme Fettwanst
Feige klebt er an der Felswand.
Nur der stolze Vogel Sturmverkünder
Schwebt frei überm grauen Schaum des Meeres.

Finsterer und niedrer
Senken sich aufs Meer die Wolken
Und die Wasser steigen singend
Um dem Donner zu begegnen.

Und es kommt der Donner. Zornig
Wirft der Wind sich auf die Wasser
Er umfaßt sie rudelweise
Packt sie in die starken Arme.
Schleudert sie mit blindem Wüten an die Klippen
Wo die weiß smaragdenen Wogen
Brechen und zu Tropfen werden.

Schreiend schießt der Sturmverkünder
Einem schwarzen Blitz vergleichbar
Pfeilschnell durch die Wolkenmassen.
Seine Flügel reißen weißen Gischtschaum
Von der Woge. Wie ein Dämon
Rast er aufwärts! Frei! Des Sturmes schwarzer Dämon!
Lachend! Schluchzend! Er verlacht die finstere Wolke
Und er schluchzt vor reiner Freude.

Denn er hörte in des Donners Grollen
Lange schon mit scharfem Ohr Erschöpfung.
Denn er weiß, es kann die Wolke niemals
Niemals, niemals, eine Sonne decken.

Wind und Donner. Blaue Wolkenberge
Stehen vor des Meeres Abgrund. Flammenpfeile
Fängt das Meer auf und verlöscht sie
In den Strudeln. Und wie Feuerschlangen
Winden sich im Meere und verschwinden
Spiegelbilder dieser Blitze. Sturm!

Und der kühne Vogel Sturmverkünder
Hoch hinschwebend zwischen Blitzen
Hoch hinschwebend über dem Gebrüll der Wasser
Schreit er, der Prophet des Sieges:
Tobe, Sturmwind! Tobe stärker!

ÄGYPTISCHES BAUERNLIED
(1400 v. d. Zt.)

Drescht für euch, drescht für euch
Rinder, drescht für euch!
Das Stroh ist euer Futter, drescht für euch!
Wir, eure Herrn
Hätten nur das Mehlkorn gern.
Ermattet nicht, ermattet nicht, ihr Rinder!
Es ist nicht heiß, drescht für euch, drescht für euch!

DIE NICHT ZU VERGESSENDE NACHT

Der Himmel über mir in der nicht zu vergessenden Nacht
War hell genug. Der Stuhl, auf dem ich saß
War bequem genug. Das Gespräch
War leicht genug. Das Getränk
War scharf genug. Und weich genug
War dein Arm, Mädchen, in der
Nicht zu vergessenden Nacht.

FINNISCHES VOLKSLIED

Seine Wiege stand in einer
Hütt' aus sieben Latten
In des schönen Harjuberges
Allergrößtem Schatten.

Und sein Vater hieß im Dorfe
Nur der faule Schuster
Und sein kleiner Sohn, der brave
Nahm ihn sich zum Muster.

Knochig war die liebe Mutter
Breit wie'n Bauernschlitten.
Pirkko hieß sie, und sie hatte
Ganz verdorbene Sitten.

Wie zwei Pfunde Garnknäul rollten
Ihm die Augen im Kopfe.
Seine Lipp' war'n Lederlatschen
Moos wuchs ihm im Schopfe.

Und der Lausejunge lernte
Alte Schuhe flicken
Hämmerte sich auf die Finger
Mehr als auf die Zwicken.

Seinen ausgelernten Sohn rief
Vor sich Vater Jockel
Ernst geworden mit den Jahren
Wie ein Lesebuchgockel.

Jetzt heißt's scheiden, sprach er würdig
Sollt das Herz auch bluten
Dieses Haus ist enge, also
Schwinge dich im guten!

Hier ist eine Ahle und drei
Stückchen Pech und, warte
Hier ist von 'nem Messer noch 'ne
Gut erhaltne Scharte!

Als er wegging, schrie die Mutter
Ihm noch aus der Küche
Hurtig nach zwei altbewährte
Fromme Bibelsprüche.

Und ein Nachbar sah den Jungen
Um das Kircheck storken
Händ im Sack, ein Liedlein summend
Und allein mit seinen Sorgen.

DER TEUFEL

Der Teufel hatte ein Brombeernfeld.
Was mach ich damit? Was mach ich damit?
Da muß etwas geschehn.

Und weil der Teufel ein Teufel war
Drum hat er was erfunden.
Er hat den Zaun erfunden.

Mein Mädchen hat eine große Brust.
Was macht sie damit? Was macht sie damit?
Da muß etwas geschehn.

DER SOHN

Wenn sie nachts lag und dachte
Und ihr Sohn auf der grimmigen See!
Sie konnte nicht einschlafen
Ihr Herz, das pochte zu laut.

Wenn ihr Sohn sie besuchen kam
Stand sie nachts vor der Hüttenwand
Wasser aus einem Eimer schüttete sie
An die Wand, hinter der ihr Sohn lag
Damit er einschlief, weil er meinte
Er sei auf der See.

DIE HALTBARE GRAUGANS

Der Herr ist aufs Feld gangen
In der Luft hat er rumgeschossen
Runterkommen ist die Graugans.
Ja ja.

Sie ist sechs Jahr gefallen
Mein Weib und dein Weib
Haben sechs Jahr dran rupfen müssen.
Ja ja.

Haben sechs Jahr dran braten müssen
Auf sein' Tisch haben sie's stellen müssen:
Die Gabel ist drin stecken blieben
Das Messer ist ihm abbrochen.
Ja ja.

Der Sau hat er's vorgeworfen
Die Sau hat's nicht fressen können
Es hat ihr das Maul zerrissen.
  Ja ja.

Er hat's in die Mühl geschmissen
Gesprengt hat's den Radkasten.
  Ja ja.

Wie sie z'letzt ist gesehn worden
Ostwärts ist sie losgeflogen
Hinterdrein sechs Junge
Ostwärts mit quong quong.
  Ja ja ja.

DER PAUPER

Der Himmel ist grau
Am Rinnsteig entlang
Geht ein armer Mann.
Er verdient fast gar nichts.
Er kann nichts essen
Er hat kein Obdach
Er kann nicht gütig sein
Er friert wie ein Hund
Er ist nicht barmherzig
Er hat keine Freunde
Er hat löchrige Schuhe
Er ist krank
Er ist ein Verbrecher
Er verdient fast gar nichts
Er geht den Rinnstein entlang
Der Himmel ist grau.

Anmerkungen, chronologisches Register und alphabetisches Register der Gedichttitel und -anfänge am Schluß des Bandes 4

Druck und Bindung: Ebner, Ulm
Printed in Germany